大相撲の不思議2

内館牧子

JN022523

潮新書
044

潮出版社

まえがき

本書の校正を進めながら、

「しかし、私って大相撲が好きよねえ」

と、正直なところ呆《あき》れた。笑った。

昔から、大相撲について少しでも何かに書いてあれば、チラシだろうが広告だろうがすべて読んだ。今でも覚えているが、小学生の頃にお菓子を買った時、古雑誌のページで作った紙袋に入れてくれた。そこに「土俵の鬼《おに》若乃花」のことが書いてあり、私はお菓子よりそれを読むのに夢中になっていた。

どうしてこんなにも大相撲が好きなのか。私は幼い時のみじめな体験を経て、明るい子に生まれ変わった。「生まれ変わる」ということは、もうとてつもない大事件だ。そうしてくれたのが大相撲だったのである。

私は三歳まで生まれ故郷の秋田に住んでいた。初孫を溺愛《できあい》する祖父母、そして両親や若い叔父叔母の愛情を一身に受けて育った。

しかし、父の仕事の関係で、四歳の時に新潟に移った。祖父母や叔父叔母もおらず、両親と一歳の弟だけの淋しい暮らしである。戦後わずか七年ほどで、まだ街も人心も荒れ、貧しい時代だったと思う。

秋田での「蝶よ花よ」の扱いが、幼い私を内弁慶の社会性ゼロの子供にしていた。友達は作れないし、何でも大人に依存する。他人がいると声も出せない。心細くてすぐにメソメソと泣く。両親は何とか社会性をつけようと、幼稚園に入れた。私は母の作ったお弁当を持って、片道四〇分の園まで歩く。送迎バスなどある時代ではない。

入園してすぐに、いじめに遭《あ》った。他の園児が近寄ってくるだけでおびえるのだから、面白かっただろう。トイレには一人で行けないし、他の子供がいるとお弁当も食べられない。その上、団塊世代の私たちは、一クラス六〇人。担任は一人である。オーバーワークの担任は、私をもて余した。ついには「やっかい者」扱いされ、帰り道はいじめっ子が待ち伏せしていた。毎日である。

帰り道に材木店があり、木材が立てかけてあった。私はその陰に隠れ、一人でお弁当を食べた。残して帰ると母が心配すると、四歳ながらわかっていたのだと思う。

娘の様子に何か感じたのか、父が出勤前に幼稚園に送り、帰りは仕事を抜けて迎えに来るようになった。私は朝、送られるやすぐに窓に張りついて、午後の迎えを待つ。お遊戯《ゆうぎ》もお絵描きもしない。先生に何か言われても声を出さず、窓から動かない。

いじめっ子たちはさらに面白がり、窓に寄ってきてつねったりする。私はメソメソしながらも動かないので、彼らは嬉々として代わりばんこにやる。今にして思えば、小さい手でぶったりつねったりの、たいしたいじめではないのだが、私にしてみれば毎日が地獄だった。

そんな時、たった一人だけ助けてくれる園児がいた。金井君という四歳男児だった。体が大きく、後になって思えば力道山に似ていた。私は助けられても「ありがとう」が言えず、メソメソと手で涙をこする。

とうとう六カ月後、母が呼び出されて退園を申し渡された。トイレに行くにも、身体検査での衣服の脱ぎ着も、一人でできずにメソメソ。毎日、窓に張りついて動かない。一クラス六〇人もの中、「やっかい者」とされるのは当然である。こうして金井君に一度も「ありがとう」の声を聞かせることなく、私は満四歳で園をやめた。

ところが令和二（二〇二〇）年、ＮＨＫテレビの「ごごナマ」に出演した際、スタッフが何と金井君を探し当ててくれたのである。彼は顔を出すことは拒んだが、やはり堂々とした体で優しい語り口の大人になっていた。いつも私を助けていたことは覚えていないと笑った。

この金井君の存在が、私を大相撲にのめり込ませたことは間違いない。あの地獄の日々にあって「体の大きな人は私をいじめない」と刷り込まれたのだと思う。退園以来、一人でラジオで相撲中継を聴く。自分で紙力士と紙土俵を作り、戦わせる。父に文字や数字を習い、星取表を作る。読み書き計算は全部、大相撲で覚えた。

こうして新潟市立の小学校に入ると、私は「神童」と言われた。本当である。というのも、あの頃は平仮名も「1+1」も小学校で教わるもので、すでにマスターしている六歳は稀有《けう》だった。なのに私は、大相撲のおかげで平仮名どころか「鏡里」とか「吉葉山」「東富士」「栃錦《とちにしき》」とかの難しい漢字もサラサラ。その上、「八勝七敗」「一四勝一敗」など、一場所一五日の計算なら暗算の神童!!

びっくりした担任が私をクラス全員の前でほめ、「みんなも内館さんに負けないよう頑張ろうね」と言ってくれた。今まで身内以外に一度もほめられたことのない私である。「やっかい者」が「神童」になり、「内館さんに負けないように」と言われたのだ。

私はこの日から一変し、自信にあふれてよく笑う子になってしまったのである。生まれ変わったとしか言いようがない。

大相撲がなければ、今の私はない。

こうなると大相撲は趣味や楽しみの範疇《はんちゅう》を超えて、はた迷惑なほどに生活の中に組み込まれてしまう。そのため、大相撲にとって「それってヘンでしょ」と思うことがあると、後先考えずに熱くなる。

二〇〇〇年代初め、「土俵の女性開放」の声が大きくなった。国技大相撲は「女人禁制」のもとに、男だけの世界として長い歴史を歩いてきたのだが、時代は「男女平等」「男女共同参画」である。

男女平等、共同参画は当然のことだ。だが、宗教、祭祀《さいし》、芸能、民俗行事等々にまでそれを当てはめ、まっ平《たいら》にすることを、部外者が騒ぎ立てるのは違うだろう。私はそう思っていた。

ところがやがて、すべてにおいて「男女平等」「男女共同参画」であるべきとする風潮が強くなっていく。ただ、土俵の女人開放を訴える人たちの考えを知ると、どうも相撲には関心も知識もないように思えてならなかった。確かに、伝統は変わりながら生き残るものである。しかし、連綿と続いてきた何かを変えるには、まず畏《おそ》れを持つことが必要だろう。

そこに女性政治家の一人が、

「男女共同参画はグローバルスタンダードに沿うことだろう」

という内容を書いた。大相撲に限らず、その国の伝統なり文化なりを、「グローバルスタンダード」、つまり「世界標準」に沿わせろと言うのだ。自国の伝統や文化を世界標準に合わせよと公言する政治家がどこにいる。

さらにである。民俗学の女性研究者の一人は、次のように書いた。

「国民の半分は女性だろうに、女性が排除される相撲が国技とは。するとこの場合の国技は、誰もが楽しめる国民的競技という意味で認められた国技とは違うのだな、とも思う」

このレベルの人たちに、土俵うんぬんと言わせては危険だ。畏れを理解する水準には行っていない。そう思った。

スポーツ人類学者の寒川恒夫は『相撲の宇宙論』（平凡社）の中で書く。

「相撲が日本の伝統的文化をとりわけ強く保存しているという情況は、相撲を国技と称する強力な根拠とはなろう」

また、法学者で相撲の歴史研究者でもある新田一郎は『悠久』七八（おうふう）に書いている。
「常に移りゆく『現在』の存立に即して少しづつ姿をかえながらも、現代に至るまで、確かにいにしえの相撲節に発する流れを汲《く》んだ『伝統』の上にこそ存立し続けている相撲は、近代的な『歴史』とは違う時間を生きているのである」

私は大相撲が好きとはいえ、学問として学んではいない。それに気づいた時、「やっかい者」から「神童」にしてもらった血が騒いだ。大相撲を宗教学的に学ぼう。そして、東北大学大学院を受験し、宗教学教室に入った。あの三年間は、私にとってどれほど大きかったかわからない。

まだ横綱審議委員の任期中であったが、かつての大横綱や名大関の協会幹部たちにも、臆せず発言できるようになった。相当うるさい委員だったと思う。幹部たちは心のどこかで、「この女性初の委員、やっかい者だなァ」と苦虫をかみつぶしていたと確信している(メソメソのやっかい者をこうしたのは大相撲なんですけどね)。

すると平成二十七(二〇一五)年、月刊『潮』から大相撲に関する連載ができないかと打診があった。私は寒川、新田の両者の論や、また長い伝統をどう守り、どう変えてきたか、そして現在の問題点は何か等々を書ければと喜んだ。それは相撲ファンばかりか、そうでない人にも喜んでもらえる気がした。

　こうして「大相撲の不思議」というタイトルの連載は、平成三十（二〇一八）年に一冊目の同名新書になった。本書は二冊目である。

　読めばきっと「まァ、相撲界って、何と不思議な世界」と思われよう。そしてきっと「こんな世界が、よく今まで続いてるよね」と驚くに違いない。それによって「大相撲なんて興味なかったけど、ちょっと見てみよう」となるのではないか。元やっかい者の元神童は、それを願ってやまない。

　連載でも大評判の南伸坊さんの絵、どうかゆっくり味わって下さい。私は毎月、絵が楽しみです。そして、細やかに配慮して下さった編集者の川畑由貴子さんと共に、私の願いが読者に届きますようにと祈っております。

令和四年一月
東京赤坂の仕事場にて

内舘牧子

二章　土俵を支える人々

三章
まるで昔話？
知られざる力士の日常

四章　勝負はこうして始まる

帯デザイン　清水良洋
本文デザイン　佐野佳子
挿画　南伸坊

一章　土俵を彩る舞台装置

徳俵

得をするから徳俵？

土俵は「丸い」と言われるが、決して「まん丸」ではない。

誰もが気づいていると思う。次頁の図でおわかりの通り、土俵の東西と正面、向正面には「徳俵《とくだわら》」と呼ばれる一俵がある。計四俵のそれは、いずれも外に出っ張っているため、「まん丸」にはなっていないのである。

元々、土俵は長さ約七八センチ、直径約一五センチの「小俵」を二〇俵埋め込み、丸く形作られている。それは直径一五尺（四・五五メートル）の円である。この円内から外に出ると負けになる。足の指先だろうと、ほんの少しのカカトだろうと、一五尺から外に出た瞬間に負けになる。

ところが、外に出っ張った四俵の「徳俵」は、「土俵の内」と見なされる。小俵の直径は約一五センチ。それを「幅」とすると、土俵の四カ所は一五センチ広いことになる。つまり、徳俵の部分は一五尺より外にあるのに、特例で「土俵内」なのである。

この特例の徳俵に足がかかっていながら踏んばり、うっちゃりを決めたりして勝つ場合も現実にある。徳俵のないところでなら、足が出ていることになる。つまり、うっちゃる前に負けなのだ。

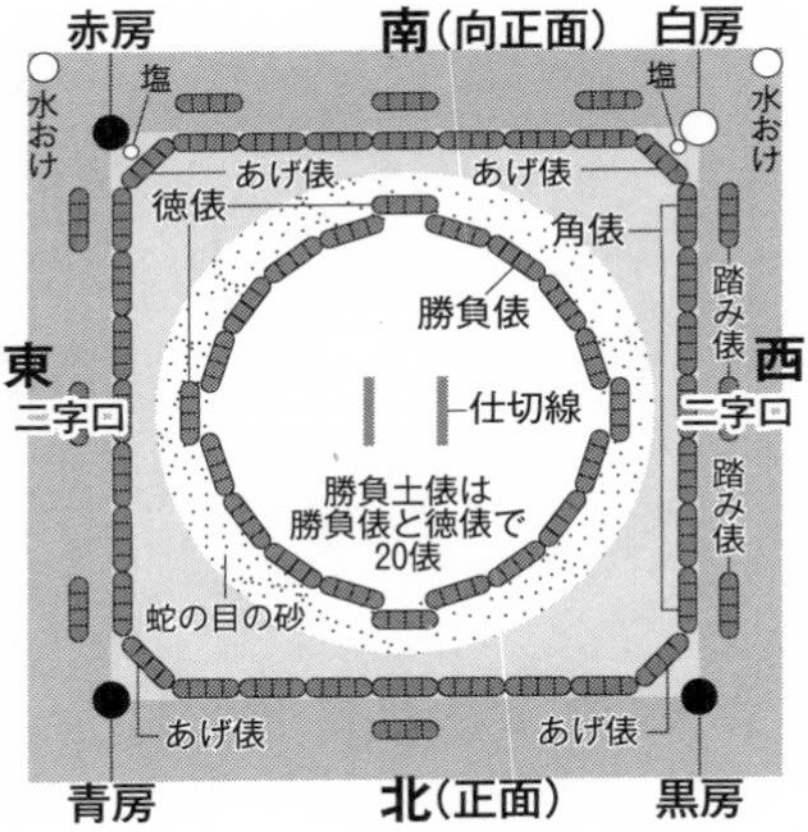

このため、「得をするから、徳俵という」とされている。

だが、私は子供の頃から疑問だった。「得をするから」という理由なら、「得俵」と書くべきだろう。なぜ「徳俵」なのか。

これに触れている資料は見たことがなかったのだが、つい最近、なるほどと思う解釈に出合った。『大相撲ジャーナル』二〇一八年九月号（アプリスタイル）に、作家の須藤靖貴が書いていた。

「損得の『得』では直截的なので、こっちをあてたらしい。『早起きは三文の徳』と表するように、『徳』は『得』と比べてご利益的な意味合いがある。『いい行いをしていると、徳がありますよ』ということだろう」

ただ、『岩波 ことわざ辞典』（時田昌瑞、岩波書店）をはじめ、「早起きは三文の得」としている文献も多い。とはいえ、同書には「朝起き七つの徳あり」も出ており、私も須藤が書くように、「得」という字をあてたくなかったのだと思う。

「徳俵」の起源は明確にはわからないのだが、土俵成立後ということは確かだ。土俵は十七世紀後半に成立したとする説が多い。土俵と同時期に徳俵ができたと仮定すると、江戸中期であり、まだ野外で相撲を取っていた。

だが、この時すでに「勧進相撲《かんじん》」は行われている。私はこの「勧進相撲」と「徳」の字のつながりは非常に大きいと見た。

「勧進相撲」は社寺仏閣の建立や修繕のために、寄付を集める相撲である。相撲を見せて料金を取り、それを社寺仏閣に寄付し、その事業にあててもらう。当然ながら、それは宗教的な意味合いを持つ。そんな宗教的活動をしている団体が、「損得」を思わせるような漢字は使うまい。

だとすると、大谷大学名誉教授の山田知子が勧進相撲と修験道《しゅげんどう》について書いた部分の文章が、リアルに重なってくる（『相撲の民俗史』東京書籍）。

「（勧進相撲は）たんに相撲好きの群衆を相手に興行するのではなく、社寺の事業にたとえ一紙半銭のわずかな金品なりとも喜捨することが作善になると説き、多数の人々が参加すれば参加するほど相乗的に功徳《くどく》が増大するという思想に基づく興行であれば、ただ面白い見世物というばかりではなく、見物するにせよ相撲をとるにせよ、宗教的な満足を得られるものでなければならなかったにちがいない」

加えて、相撲団体としては過去の天覧《てんらん》相撲（天皇が観戦する相撲）や上覧相撲（将軍または諸大名が観戦する相撲）というステイタスを踏まえ、江戸相撲の制度組織を整えたい。その目論見があれば、「損得」を示すことは品性にかかわると考えても不思議はない。「徳」こそ実にいい言葉だった。

女人禁制を表す〝違い垣〟

ではなぜ、わざわざ四俵の徳俵を作る必要があったのか。完全な形の円を四カ所切って、徳俵を作るのは非常に不自然である。

実は、どうしても必要な理由があったのだ。大相撲は、明治四十二（一九〇九）年に国技館ができるまで「晴天興行」だった。屋外に簡単な小屋を掛け、相撲を取っていたのである。

屋外のため、雨が降れば土俵は水びたしになる。水はけが悪かったり、雨天が続けば何日間も土俵は使えなくなる。興行は中断だ。

そこで考えたのが、徳俵だった。四カ所だけ外に出すと、俵と俵の間に隙間《すきま》ができる。土俵上にたまった雨水を、その隙間から外に流し出そうとしたのである。そして、徳俵四俵は勝負俵一六俵より、「やや高くなるように埋められ」（金指基『相撲大事典』現代書館）ている。

宝暦十三（一七六三）年に著された『古今相撲大全』（木村清九郎）には、次のようにハッキリと書かれている。

「古《いにし》へ角力《すもう》すでに始《はじま》んとせしに、俄《にわか》に大雨のふり、土俵の中へ水たまりし故、すまふを猶《ゆう》予《よ》せしとき、左右の土俵一ツ宛のけ、水をながせしにより水流しといふ」（ルビ・内館）

徳俵は結果として「トクをする俵」になったが、要は排水口であったのだ。『古今相撲大全』にあるように、かつては「水流し」と呼んだようだ。

だが、私は山田知子が前出の書に、やはり修験道と重ねて展開していた説が非常に印象深い。それは次のような趣意である。

「(相撲場に)屋根がつき、さらに屋内で行われるようになった今もなお、(徳俵が)つくられているところをみると、ひょっとしたら『違い垣』(忌垣)が背景にあったのではないかと思われる。羽黒山の秋峰入修行では、宿に悪魔を入れないために小俵に椿の枝を挿したものを『違い垣』として道に互い違いに置き、宿入りをするときにはじぐざぐに歩いて通るようになっている」

修験道は役小角《えんのおづの》を開祖とする山岳信仰であり、女人禁制を固く守っている。修行の宿には女人をはじめとする障害物を入れないために、椿の枝を挿した小俵を置いているというのだ。徳俵には、その「違い垣」の意味が込められているのではないかと、山田は言う。

修験道と同様に、大相撲は土俵の女人禁制を、今も固く守っている。そして、徳俵に関して言えば、確かに排水口の役目が不要となって久しい。なのに今日まで、ずっと徳俵が存在し続けている。ということは、「トク」と「排水口」以外の第三の役目が最初から秘かにあったのではないか。そう考えるのも自然なことだろう。私は山田の「違い垣」という解釈が、非常に腑《ふ》に落ちるのである。

「徳俵」ひとつ取っても、土俵とその周辺には不思議なことや、断定できないミステリーが非常に多い。大相撲の面白さのひとつである。

するると先頃、最近相撲ファンになった友人からメールが入った。そこには、

「相撲界の言葉ってきれいね。『虹口《にじぐち》』だってそう。それって国技館のどこの出入口のこと？」

とあり、思わず笑った。

「虹口」という出入口はない。それは「二字口《にじぐち》」と書き、出入口とは無関係だ。力士は東西から土俵に上がるのだが、一九頁の図を見てほしい。その上がり口に埋めてある小俵は、徳俵と平行になっている。そのため、上から見ると「二」という字に見える。つまり「二」の字をした上がり口「口」だ。

何と粋《いき》な言葉か。「虹口」なんぞは足元にも及ばない。

水、紙

決死の覚悟を込めた水盃

日本人は神とかかわる時、身を清める。神社に詣《もう》でる時は手を洗ったり、口をすすいだりする。祭りの前には水をかぶるし、滝に打たれもする。何日間かは小屋にこもって肉食を絶つとか、足を地面につけないとか、色々なやり方で潔斎《けっさい》する。

神とかかわる場は「聖域」であり、「ハレ」の空間だ。一方、我々が日常生活を送る場は「俗域」であり、「ケ」の空間である。この「ハレ」と「ケ」について、国立民族学博物館名誉教授の故・垂水稔《たるみみのる》は『結界の構造』（名著出版）に、次のように書く。

「ケの空間からハレの空間へ移るためにはアラタマル（改まる）必要があった。それは言葉をかえれば、ケからハレへの分離の儀礼である」

また、建築史家の伊藤ていじは「改まる」ことは、

「心のけじめをつけていく結界」

だとしている(『結界の美』淡交新社)。

水をかぶったり、口をすすいだりという数々は、神とかかわるために「改まる行為」であり、聖俗を分けて、心のけじめをつけることなのだ。

これは土俵に上がる力士も同じである。力士が身を清めるモノとして、最も目につくのは「水」「紙」「塩」だろう。ここでは「水」と「紙」を取り上げる。

「水」は東西の土俵下に置いてある。吊《つ》り屋根の赤房と白房の下である。そこに「水桶《みずおけ》」という小俵《だわら》が二俵あり、その上に水の入った木製の桶が載っている。その把手《とって》の部分には、呼出の柝《き》と「紙」が取りつけられている。そして、この赤房と白房下の土俵上には、塩の入った籠《かご》がある。つまり、力士が身を清める水、紙、塩は赤房と白房の下に揃《そろ》っているわけである。

「水」は一般に「化粧水《けしょうみず》」とも「力水《ちからみず》」とも呼ばれるが、正式には「水」である。取組のために土俵に上がった力士は、柄杓《ひしゃく》で水を受け、口をすすぐ。口内を清めたら吐く。相撲ファン歴が浅い私の友人たちは、

「あの水、どこに吐いてるの？　テレビで見てると床の上みたいだけど、汚くない？」

と真剣に聞いてきた。テレビでもわかる通り、土俵は高い台形の土台に載っている。赤房と白房下の土台部分に、吐いた水を受ける出っ張りがあり、力士はその「水吐き口」に吐く。それは国技館の下水につながっているのである。

水が相撲場に出現したのは、奈良・平安時代の相撲節会《すまいのせちえ》の頃だと伝わる。宮中での天覧だ。その後、武士の時代になると野天での相撲であり、水はない。しかし、江戸の勧進相撲になると再び水桶が出たようである。

私は論文を準備中に、非常に珍《めずら》しい写真を相撲博物館で見つけた。横綱双葉山《ふたばやま》が、「盃《さかずき》」で水を受けているのである。二度と会えないであろう別れに際し、かわす「水盃」である。そこには「二度と生きては帰らない」という覚悟と潔斎が込められていたと思われる。

その写真の双葉山は、蹲踞《そんきょ》の姿勢で土俵上の柱に右手をつき、左手で水盃を受けている。絆創膏《ばんそうこう》ひとつない美しい体に、孤高な雰囲気が漂う。昨今のテーピングだらけの力士とは「モノが違う」と思わざるを得ない。

調べると、力士は昭和十五（一九四〇）年までは朱塗《しゅぬ》りの盃で水を受けていた。柄杓になったのは翌十六（一九四一）年からである。

こうして現在も、力士はまず水で清め、それから土俵の東西で蹲踞する。この時、「塵《ちり》浄水《ちょうず》」という所作を行う。両手を二回揉《も》んでから柏手を打ち、そして大きく両手を広げる。テレビでもお馴染《なじ》みだ。

実はこの「揉む」という所作が、「水で清める」という名残《なごり》なのである。前述したように、野天で相撲を取っている時代には、水がなかった。だが、清めなければならない。どうしたか。力士は地面に生えている雑草（塵草と呼んだ）を千切《ちぎ》り、両手で揉みつぶした。それが水に代わる清めの、つまり改まる儀式だったのだ。今はふんだんに水が使える時代だが、それでも「塵草を手で千切って揉む」という所作が残り、続いているのである。

水の後で使われるモノが「紙」。これも一般に「化粧紙」とも「力紙」とも呼ばれるが、正式名称は「紙」である。

力士は水で口をすすぐと、呼出から紙を受け取る。そして口元や汗を拭《ぬぐ》ったりする。これも体を清めるためであり、現在は半紙を半分に切っている。

起源には諸説あるが、江戸時代前期の延宝年間（一六七三〜八一年）には使われていたようだ。紙に関心を持ってテレビの相撲中継を見る人は少ないだろうが、あれは江戸時代から続く清めのモノなのである。

さらに、別の用途もある。激しい取組によって髷《まげ》の元結《もとゆい》が切れると、ザンバラ髪になる。その時、行司が待ったをかけ、紙をこよりにして髪を束ねることにも使われる。

とはいえ、私は長く相撲を見てきたが、行司が束ねるシーンを実際に目にした記憶はない。ただ、中学生の頃だったか、栃錦《とちにしき》がザンバラ髪になったことはハッキリと覚えている。戦国時代の武将の迫力で、あれは鮮烈だった。だが、紙で束ねたかどうかは覚えていない。十三歳かそこらの私には、もとより「清め」も「紙」の持つ意味もまったく知らず、また何の関心もなかったのである。

紙は現在、水桶の把手に吊るされている。だが、昭和二十七（一九五二）年に四本柱が撤去《てっきょ》されるまでは、柱に吊るされていた。双葉山の水盃の写真にも、それは写っている。

土俵に立てられた塔婆

紙には、さらに驚くべき用途があった。

「紙塔婆《かみとうば》」という言葉を耳にしたことがあるだろうか。「塔婆」とはご承知の通り、供養のために墓の後ろに立てる細長い板である。上部が塔の形になっており、「卒塔婆《そとば》」とも言う。これが土俵に立っていたというのだ。

私はそれを『江戸時代之角力』（三木愛花、近世日本文化研究会）で初めて知り、仰天《ぎょうてん》した。次の一文を読んで頂きたい。昭和三（一九二八）年に出版されたものだ。

「力士が登場の際に力紙を折りたゝんで、土俵の端《はし》に立てて後に登場するを紙塔婆と稱《しょう》す。蓋《けだ》し必死を期するのである。今日では之《これ》を爲《な》す力士を見ず、又知る人も少ないやうになつた」（ルビ・内館）

これを読むと、力士は土俵に上がる前に紙で塔婆を折るらしい。そして呼び上げられたら、まずはその紙塔婆を土俵の上に立て、それから土俵に上がると読み取れる。その後で水盃を受けたのだろうか。

『江戸時代之角力』という書名であることからも、江戸時代に行われていたのだろうが、昭和三年には、とうに消えていたようだ。

「決死」の覚悟は、水盃どころか、紙塔婆という地点にまで進んでいたのか。私は非常に興味を持ち、色々と文献を調べてみたのだが、紙塔婆について触れたものは見つからない。相撲博物館にもなく、学芸員に聞いてもわからない。故実や相撲史に詳しい第二八代木村《きむら》庄《しょう》之助《のすけ》も、相撲教習所の講師たちも初めて聞いたと言った。

あれから一〇年以上が経ち、平成二十八（二〇一六）年、たまたま手にした『大相撲の道具ばなし』（坂本俊夫、現代書館）に、出羽海谷右衛門《でわのうみたにえもん》の言葉があった。大正七（一九一八）年に出た『最近相撲圖解《ずかい》』からの引用である。

「近い頃まで此の紙をしごいて土俵の隅に突立てた事もあつた。之れは決死の力士が萬一の場合に於ける墓標を表したものとも傳（伝）えられる」

『大相撲の道具ばなし』の著者は、「明治時代、化粧紙を紙卒塔婆に折って、四本柱の下に置いた力士もいたそうです」とも書いている。

これらを考え合わせると、紙塔婆は江戸から明治時代に立てられ、大正七年前には消えていたということのようだ。

力士は土俵で神と向かい合うことに対し、また聖域で闘《たたか》うということに対し、ここまで改まり、覚悟をつけていた。水と紙にそこまでの役割があった。

次節では「塩」について触れる。

塩を持参した五城楼

私が東北大学相撲部の監督に就《つ》いたのは、平成十七（二〇〇五）年三月である。部員数四名、土俵も部室もない弱小体育会。だが、その後、ＯＢの尽力《じんりょく》や関係者の懸命な努力により、部員数は二〇名を超え、小さな大会といえども結果を残し始めた。また、仙台市の商店街での力仕事なども進んで引き受けた。

その結果、わずか一年半で生まれ変わった相撲部に、大学は道場と土俵を造ってくれたのである。

土俵開きの初稽古《はつげいこ》は、仙台出身の元幕内力士五城楼《ごじょうろう》（現・濱風《はまかぜ》親方）が、まったくのボランティアで引き受けてくれた。すでに引退を表明していたが、断髪式前だった。まだ髷を載せ、白い稽古まわしで道場に入ってきただけで、空気が一変した。

五城楼は相撲部役員や関係者と挨拶《あいさつ》をかわすと、ゆっくりと道場を見回した。そして、お付きの若い衆に塩を持ってこさせた。自身で用意してきたものだ。若い衆が差し出したそれをつかみ、土俵上の四方に丁寧《ていねい》に撒《ま》いた。土俵の周囲やテッポウ柱の根元にも撒いたと記憶している。

というのもあの時、私は塩によって道場や土俵が浄化されたと感じ、強く印象に残っているからだ。本場所でも各相撲部屋の稽古場でも、力士が土俵に塩を撒く姿はいつも見てきたが、常に見ているとそれが「ルーティン」のように慣れてくる。

しかし、真新しい道場、誰も足を踏み入れていない土俵。そこに塩が白く跡を作っているのを見た時、撒く前とは違う「聖空間」になったことを、私は実感していた。

恥ずかしいことに、当相撲部は塩を用意していなかった。五城楼はそれを知らないのに、塩を持参していた。「聖域」に立つ力士にとって、「清めの塩」がいかに大切で、切り離せないものかを実感したのもあの時だ。

「清めの塩」の風習は、一般社会にも残っている。葬儀の後でも配られるし、また飲食店の店先にも「盛り塩」と称して塩が盛ってある。この盛り塩は奈良～平安時代にはあったと伝えられている（土屋喜敬『相撲』法政大学出版局）。つまり、八世紀頃から、塩は厄除《やくよ》け、魔除けになり、浄化する力があると考えられていたのだ。

ところが、大相撲でいつから使われるようになったのかは、明確に書いた文献は見つからなかった。故実に詳しい第二八代木村庄之助も、断定できないと私に語っている。

ただ、前出の『相撲』には、明治七（一八七四）年に森芳雪が描いた錦絵が紹介されている。土俵上の四本柱には確かに塩籠が結わえられている。さらに「関取名勝図絵」における稽古場の様子が引用され、そこにも塩の使用が書かれている。土屋は、「力士が塩を撒くことは、幕末には広く行われていたと考えて差し支えないだろう」としている。

私が庄之助に話を聞いた際、

「血だって水と塩で浄化するんです」

と強い目で語っている。激しい立ち合いなどで血が流れ、土俵についた場合のことだ。

「呼出が土俵に盛り塩をします。そして、それを掃《は》き清めてから、次の取組に入ります。血を塩で清めずに、次の力士が土俵に上がることはありません」

塩の呪力《じゅりょく》を感じさせる話である。

ただ、私は中学生か高校生かという昔、不思議に思っていたことがある。塩が力士の身を清めるものであるなら、なぜ土俵に撒くのか。葬儀の後で自分の体にかけるように、力士自身の体にかけるべきであり、土俵に撒くのはおかしいだろうという疑問である。水は力士自身の口にふくみ、身を清める。紙も自身の汗や脂を拭《ふ》き、身を清める。なぜ、塩は自身にかけないのか。十代だった「スー女」の素朴な疑問である。

なぜ力士自身の体にかけない？

これはずっと大人になってから読んだのだが、前相撲教習所講師で江戸東京博物館名誉館長の竹内誠は、

「塩は海水の結晶で、ほんらい清らかな海や川で禊《みそぎ》をし、心身を清めて勝負に臨《のぞ》むのであった」（「相撲史概観」『悠久』七八、おうふう）

と書いている。この文章からも、本来は力士が塩を含む海中に入って、その塩で心身を清めるものと解釈できる。

とはいえ、「水」「紙」「塩」という清めの三種において、「塩」は他の二つと意味が違うのではないか。「塩」は基本的には土俵を清めるもので、「水」と「紙」は自身を清めるものだろう。そう書かれた文献や資料は見ていないが、私にはそう思える。

つまり、塩は土俵についた血を浄化することはもちろん、前の勝負が土俵に残した熱気を鎮《しず》めるという意味もあるのではないか。私は「水引幕《みずひきまく》」と重なる部分をも感じる。

「水引幕」はテレビでもよく映るが、土俵上の吊り屋根下部の四方を結んでぐるりと巻かれている。濃い紫色の地に、相撲協会の紋が白抜きされた幕だ。

あれは単なる装飾ではない。陰陽道《おんみょうどう》に基づく意味がある。それについては、明治四十五(一九一二)年一月十五日付の「東京日日新聞」に、次のように書かれている。日本文化研究者の風見明が紹介したものだ。

「力士が精気を励《はげ》まして勝負を争うので火が生ずる、即ち陽と陽と戦つて火が出るので之を鎮むる為めに水を表はして水引幕を吊るす。怪我のない為《た》めだ」

塩を土俵に撒くことで、前の取組で生じた陽気や熱気を鎮め、血の跡があれば清め、邪気を払い、力士に怪我がないようにする。水、紙が力士自身を清めるのと違い、塩は土俵を聖域たらしめるためのものではないか。あくまでも私見だが、そう思えてならない。

さて、ここで興味深い問題が出てくる。清めの水、紙、塩、どれに対しても「笑っちゃう。あり得ない」とする人たちがいることだ。彼ら彼女らは、呆《あき》れたように言う。

「清めの水だか、聖なる塩だか知らないけどさ、水は協会の水道水だろ。塩もスーパーとかで売ってる塩だろ。何をありがたがってんのか理解不能」

「紙だってさァ、よくある半紙でしょ。そんな紙に清める力なんてないんじゃないの」

もっともな考え方である。ただ、水は協会の水道水ではなく、福岡は直方《のうがた》の「もち吉」が無償提供している。また、塩は東京場所では「伯方《はかた》の塩」を使い、大阪、名古屋、九州の地方場所では「瀬戸のほんじお」を使う。前者は伯方塩業株式会社が、後者は味の素株式会社がやはり無償提供している。こう聞くと、ますます「何をありがたがってんの」となりそうだ。

私は「土俵という聖域——大相撲の宗教学的考察」という論文を準備中に、非常に納得させられる文章を読んだ。M・エリアーデというルーマニア出身の宗教学者が、著書『聖と俗』（風間敏夫訳、法政大学出版局）に書いた文である。

「聖なる石、聖なる木は、石としてあるいは木として崇拝されるのではない、――それらが崇拝されるのは、それが聖体示現であるからであり、もはや石や木ではなく、かの聖なるもの、〈全く別なもの〉である何かを示しているからである。（中略）聖なる石といえども依然として一個の石である。つまり見かけは（精確に言えば、世俗の観点からは）それを他のすべての石から区別する何物もない。しかし石が聖なるものとして啓示される人びとにとっては、眼前の石の現実が超自然的な現実に変わる」

エリアーデは「単なる石を、聖なる石と見ることのできる人」を「宗教的人間」と定義している。これは「神がかっている人」という意味ではない。「見た目は単なる石だが、これは聖なる石」と受容できる人のことだと私は考えている。どちらが正しいということではまったくない。ただ、受容する人と呆れて笑い飛ばす人、この両者は決して歩み寄れないだろうと思う。

ともあれ、一場所一五日間の消費量が六五〇キロにもなるといわれる粗塩。それが豪快《ごうかい》に撒かれ、実況アナは「東と西の塩に分かれましたッ」と、熱く実況するのである。

太鼓

櫓太鼓を聞く憧れの暮らし

現在の両国国技館は、昭和六十（一九八五）年に落成したのだが、その頃の私事である。何しろ大相撲が好きで、どうしても国技館近くに住みたい。そこであの界隈《かいわい》のマンションを探しに探した。その際どうしても、譲《ゆず》れない条件があった。「国技館の櫓太鼓《やぐらだいこ》が聞こえてくる物件」である。朝の寄せ太鼓を聞きながら朝食を作り、夕刻の跳《は》ね太鼓で仕事をやめる。櫓太鼓の音で時間を知る暮らしは憧れだった。

ところが、太鼓が聞こえる近さのマンションは他の条件に合わない。「これだ！」と思うマンションは太鼓の音が聞こえない。結局、憧れの暮らしは諦《あきら》めた。

相撲界では、三種類の太鼓が大切な役割を担っている。朝八時半から九時まで打たれるのが「寄せ太鼓」。もうひとつは本場所の取組が終了した夕刻、客を送り出しながら打たれる「跳ね太鼓」。そして、三つ目が初日前日、呼出が太鼓をかつぎ、打ちながら街を巡回する「触れ太鼓」。これは贔屓《ひいき》筋の店も回り、明日から相撲が始まることを触れ歩く太鼓だ。呼出は独特な節回しで、

「稀勢《きせ》の里にはァ琴奨菊《ことしょうぎく》じゃぞえェ」

と初日の取組を語る。

この三種類の太鼓は、本場所中は毎日打たれる。打つのはいずれも呼出だが、打ち方はそれぞれ違う。

まず、本場所の一日は、前述した朝の「寄せ太鼓」で始まる。

「いよいよ始まるよー。お客さん寄っといで寄っといで」と、その名の通り、客を寄せる太鼓である。バチさばきも「集客」の意味を込め、外から内に向かうように打つ。

打出し後の夕刻に打たれるのが「跳ね太鼓」。客をスムーズに外に出す役割もあり、寄せ太鼓とは逆にバチを内から外へと、散らすように打つ。その音が「テンテンバラバラ」と聞こえ、客の散っていく様子を表現していると言われている。

この「跳ね太鼓」には、さらにもうひとつの役割があり、「明日も見に来てねー」と、またの来場を願うのである。そのため、千秋楽には打たない。千秋楽には「明日」がない

からだ。

「寄せ太鼓」も「跳ね太鼓」も、現在は朝夕に一回ずつ打つだけだが、実は昭和初期までは計三回打っていた。「寄せ太鼓」は「一番太鼓」と言われ、夜明け前に打っていた。まだ暗い中、風に乗って遠く近く聞こえる太鼓。それを布団の中で夢現《ゆめうつつ》に聞くのは、どれほどの風情があったか。憧れの暮らしだなァ……。

そして、関取が場所入りする頃に打たれたのが「二番太鼓」。バチさばきは、羽織袴《ばかま》で大銀杏《おおいちょう》の関取衆が場所入りする様子を表現していたという。それはどんなバチさばきだったのか。一番太鼓も二番太鼓も昭和初期に廃止されたため、聞いた人の多くは鬼籍《きせき》に入っているだろう。

なぜ廃止されたかというと、夜明け前の一番太鼓は安眠妨害だと、街の人々から相撲協会にクレームがついたのである。私が憧れの暮らしなどと言っては袋叩《だた》きにあうだろうが、いつの世にも、騒音へのクレームはあるという証拠だ。現在も盆踊りのお囃子《はやし》、幼稚園児の声、ついには除夜の鐘にまで苦情がいく。

結局、協会は「一番太鼓」の時間を、夜明け前から朝八時半に繰り下げた。これが現在の「寄せ太鼓」である。そして二番太鼓は廃止し、夕刻の「跳ね太鼓」と二回だけにしたのである。

二回の太鼓の総称が「櫓太鼓」である。これは通称なのだが、太鼓用に組んだ櫓の上で打っていることがよくわかる言葉だ。

国技館の櫓は、高さ約一六メートル。そのてっぺんに二・一平方メートルの狭い空間がある。呼出はそこに座り、太鼓を打つ。

国技館に行ったなら、ぜひ見て頂きたいのだが、正面木戸口を入って、すぐ右横に櫓が立っている。その高さには驚くだろう。

国技館の場合は常設櫓であり、目立たないがエレベーターがついている。だが、地方場所はそのつど櫓を組むため、呼出は「直角」と言っていいほどの急なハシゴを昇降する。とても太鼓を背負ってできるものではなく、太鼓はロープで吊って昇降させるという。

国技館でも地方場所でも、櫓を見上げればすぐに気づくが、二本の竿《さお》が上向きに、空に突き出すように掲げられており、それぞれの先には麻と幣《へい》が結んである。これは「出《だ》し幣《べ》」「出しっぺい」と呼ばれるもので、五穀豊穣、天下泰平、および開催中の晴天を天の神に祈念するものである。高い所に幣を結ぶのは、天の神への礼とされている。

初日前日に行われる「土俵祭り」は誰でも入れるので、そこで三つ目の太鼓、「触れ太鼓」

を見ることができる。

神事終了後、東花道から呼出が出てくる。二人は太鼓を肩にかつぎ、一人はその太鼓を打ち、もう一人が太鼓の胴《どう》を打つ。こういう太鼓が二基出てきて、神事が終わって神が宿る土俵下を三周する。三周した後、二基ともそのまま街に出て行くのである。そして、太鼓を打ち、「白鵬にはァ高安じゃぞえェ」と街中や贔屓の店々に触れ歩く。

私はこれをどうしても見たくて、ある時に名古屋まで行った。相撲通の友人に「名古屋の知り合いの寿司屋には必ず触れ太鼓が来て、来る時間もだいたいわかる。東京より確実だから行こう」と誘われたのである。

行ってみるとカウンターも上がり座敷《ざしき》も相撲通で一杯で、みんな触れ太鼓を待っている。やがて、ほぼ時間通りに太鼓が入ってきた。そのバチを聞くだけで、もうトリ肌《はだ》もの。狭い店に太鼓が響き、呼出が明日の取組をあの独特の節回しで語る。

「白鵬にはァ高安じゃぞえェ」

店内の大の大人たちが、とろけるような表情で聞く。「ああ明日から相撲だ！」と血が沸《わ》く。誰もがついご祝儀をはずんでしまう。

打楽器しか使わない理由

さて、ここで不思議なことにお気づきだろう。そう、相撲は打楽器しか使わないのである。太鼓と柝の二種類だけで、吹く楽器も糸を張った楽器も一切使わない。なぜか。

民俗学者の小松和彦は、打楽器について次のように書いている（『神隠し』弘文堂）。

「太鼓のような打楽器が、人間界と神界・異界との間のコミュニケーション、あるいはこの二つの世界の往還《おうかん》を象徴的に意味するものであるということを、シャーマンの用いる打楽器を分析することから明らかにしたのは、イギリスの社会人類学者ロドニー・ニーダムであった。日本における打楽器の多くは、ニーダムの指摘するとおり、まさしく異界との交信・移行をはかるための道具であったといっていいだろう」

また歴史学者の笹本正治は、『中世の音・近世の音―鐘の音の結ぶ世界―』（名著出版）で梵鐘《ぼんしょう》の音について書いている。

「この世とあの世とを繋《つな》ぐ効果を持っていたのである。人間の世界とそうでない世界（あの世・他界・異界）とを音で繋ぎうる楽器として梵鐘があったものと考えられる」

実際、江戸時代には誰かが神隠しに遭《あ》うと、近所の人たちが鍋《なべ》や釜《かま》を叩いて歩き、帰してほしいとあの世に伝えたと読んだことがある。打楽器の呪力は庶民も知っていたのだ。
ではなぜ、触れ太鼓が街に出る前に、土俵下を三周するのか。相撲博物館で調べたところ、いつ誰が書いたのか不明だが、手書きの資料があった。

「三順するのは勝利の三神、天御中主神《あめのみなかぬしのかみ》（中）、神産巣日《かみむすびの》神（左）、高御《たかみ》産巣日神（右）に祈りを捧げるため」

としている。

私はそれだけではないように思っている。

土俵祭りで神降ろしをして、今、神は土俵上の依代《よりしろ》に乗り移っている。そこで、呪力のある太鼓で音による結界を作っているのではないか。これが私の推測である。すでに、土俵は十重二十重《とえはたえ》に界を結んでいる。さらに、勝利の三神にちなんで土俵を三周し、打楽器の呪力によって結界を強固なものにしているのではないか。

太鼓ひとつ取っても、相撲の世界はわからないことだらけだ。調べれば調べるほど、本当に不思議な世界だと思わされる。

幟

過去たった一人だけ黒を使った力士

本場所や巡業《じゅんぎょう》先の体育館など、その入口付近には色鮮やかな幟《のぼり》が翻《ひるがえ》っている。ナマのそれを見たことがなくても、テレビや雑誌などで目にした人は多いのではないか。

幟は入口にズラリと並んで立てられ、空の青にとてもよく合う。私は正月場所の澄んだ青空を背景にした幟と、五月場所に隅田の川風に吹かれて翻る幟は、特に美しいと思う。それを見ると、早くも入口で相撲空間にトリップさせられる。特に初めて本場所に足を運んだ人はそうだと思う。

この幟、本場所に立てるものは長さが五・四メートル、幅が九〇センチほどもある。後援会や企業、個人から贔屓の力士や部屋に贈られるのだが、よく見ると呼出や行司、床山《とこやま》、また相撲協会に贈られたものもある。

そんな贈り主が思い思いに色を選び、染めてもらう。ただ、デザインには基本的な決めごとがあるようだ。これは明文化されているのではなく、おそらく暗黙の了解ではないだろうか。

まず、五・四メートルの上方部には、軍配《ぐんばい》の絵が描かれる。そこに「贈」と染め、その下に贈られる力士などの名が大きく入る。たとえば、「白鵬関江」とか「佐渡ヶ嶽部屋さん江」などである。そして、一番下の部分に贈り主の名を染める。たとえば「白鵬後援会」とか「株式会社潮出版社」などである。

平成四（一九九二）年、私はＮＨＫの朝の連続テレビ小説「ひらり」を書いたのだが、これは石田ひかりさん演ずる相撲女子の話である。思えば約三〇年も昔に、私は自分のようなスー女をヒロインにしていた。

その時、スタッフから番組のＰＲも兼ねて、懸賞金をかけようという話が出た。呼出が「ＮＨＫ朝の連続テレビ小説ひらり」と書かれた懸賞旗を持ち、土俵を一周するのはきっと話題になる。早速、スタッフが協会に問い合わせたところ、ノーだと言われた。

ならば、私が「内館牧子」の個人名で出すと言い、再び交渉した。ところが、個人名では出せないと、これもノーだった。やみくもに許可してしまえば、おかしな宣伝や選挙などに使われかねないと考えたなら、無理はない。

その時、懸賞旗ではなく幟を出すということは、スタッフも私もまったく気がつかなかった。現在、幟は個人でも贈れる。あの頃も贈れたのではないかと、今になって思う。幟にはもうひとつ決めごとがある。それは「黒色」を使わないということ。四股名《しこな》にはもちろんのこと、どこにも黒は使わない。黒は黒星を連想させるからだ。これも暗黙の了解だろうが、角界では黒を避《さ》ける傾向は確かにある。

ところが、過去にたった一人だけ、幟に黒を使った力士がいたという(『大相撲ジャーナル』二〇一九年一月号)。それも、自分の四股名を真っ黒な字で染めたというから、いい根性をしている! 同誌は次のように書く。

「もちろん、本当に黒を使っていいのかと再三確認をしたが、本人たっての希望だった。当時は横綱として全盛期だったという朝青龍《あさしょうりゅう》。自信があったからこそ、あえて黒を使ったのではないかと予想される」

朝青龍らしいなァと笑みがこぼれる。私は彼の態度、行状から所作に至るまで横綱審議委員として、それは口うるさく言った。そのため、メディアでは「天敵」とされたが、平然と黒を使う姿勢は、彼の破天荒な気質を表していて面白い。

そしてもうひとつ、幟は一場所だけ使う。同じ幟は二回使わない。次の場所にも贈るなら、改めて新しく作り直すのである。

どの資料を見ても、これは「縁起をかついで」とある。一場所ごとに替えることが、どう「縁起かつぎ」とつながるのか。そこに触れたものは見つからなかったが、私ならずとも誰もが考えるのは、

「今場所の悪いところは引きずらない。たとえ、今場所が好成績であっても、来場所は再びまっさらなところから始める」

ということだろうか。現実に、本場所では土俵そのものも一場所しか使わない。毎場所築き直す。そこには、相撲が五穀豊穣の祭祀《さいし》からきているという説がある。そういう年中行事は毎回生命を甦《よみがえ》らせ、それが活性化に至るとする考え方だ。それと幟を重ねるのは、いささか強引だが、「新たにまっさらに」という考え方は合致するかもしれない。

幟は元々、戦場における陣営に立てるものだった。また、祭祀にも用いられている。大相撲に立つようになったのは、江戸中期とされ、その頃に芝居小屋にも立ったようだ。江戸の人たちは、相撲や芝居への高揚感を幟によってさらに高められただろう。今と同じである。『相撲』によると、その当時は幟を立てるには、相撲興行を管轄《かんかつ》する寺社奉行の許可が必

要だった。実際、嘉永四（一八五一）年冬の興行では、勧進元らが贔屓から贈られた幟一〇本を立てたいと望んだ。そこで、寺社奉行に願い出たという歴史がある。

そんな相撲史全般を、今も相撲教習所では新弟子たちに教えている。そこで使う教科書『相撲の歴史』（竹内誠、日本相撲協会相撲教習所）には、歌川国郷の錦絵「両国大相撲繁栄《はんえい》之図」が出ている。錦絵には、今も変わらぬ「櫓」、そこから天に向かって幣を掲げる「出し幣」、そして、「勧進元丈江」と書かれた幟が賑々《にぎにぎ》しく立ち並ぶ。入口は観客たちでごった返しだ。

『相撲』からの孫引きになるが、そこには『大いなる小屋』（服部幸雄、講談社）の非常に納得させられる文章が引用されている。服部は歌舞伎について書いているのだが、その文章は「両国大相撲繁栄之図」に重なる。

「劇場正面とその周辺のにぎにぎしい景観は、一面において町人の経済力の誇示《こじ》であり、すなわち繁栄の美学に他ならなかった。江戸の人たちは、『芝居』といえば直ちに繁栄・繁昌《はんじょう》を思い浮かべた。無数の人々が集まってさんざめくその喧騒《けんそう》、空間という空間を隙間なく埋めつくした看板や飾り物、『大入り』『大当たり』という語感などは、庶民の実生活の中におけるハレ意識を象徴的に表わしていた」

突然の幟禁止の決定

私は冒頭で、人々は幟を見ただけで相撲空間にトリップさせられると書いたが、昔も今も、相撲場は日常のケに対して、ハレの空間なのである。まして江戸時代は、寺社奉行に願い出てまでして立てたハレの道具だ。ときめきがないわけがない。

ところがである。相撲協会は明治四十二（一九〇九）年、突然、国技館の幟を禁止した。巡業の時だけ許すというのである。ちょうど両国国技館が開館した年である。

人々をハレの世界へ誘う幟を、なぜ禁止する必要があるのか。幟の効果を、協会も当然わかっていたはずだ。そこには種々の理由があろうと思うが、私は明治政府の考え方が幟にまで影響したのではないかと考えている。

明治元（一八六八）年、明治維新と同時に、大相撲は窮地《きゅうち》に立たされた。文明開化に舵《かじ》を切った明治政府は、力士の髷をはじめとする習俗を古き悪しきものとし、また、裸を公序良俗に反するものとした。そして改革を要求。だがそれは、大相撲を殺すことである。協会は懐柔策《かいじゅうさく》やら大物政治家の力を借りるやらして、何とか乗り切った。

その明治維新から約四〇年、新しい近代的な国技館の開設と共に、相撲協会も改革できるところはしようと考えたのではないだろうか。過去、江戸時代には、歌舞伎者や相撲取りなど興行渡世の民を、賤《いや》しむ傾向もあったのである。そこからの脱却を目論み、幟も破棄すべきひとつとしたと考えても不思議はない。

だが、昭和二十七（一九五二）年、再び幟は復活した。この二年前には蔵前に仮設国技館が開館している。復活の理由を『相撲』では「アジア・太平洋戦争後の景気づけや、敗戦で沈む気持ちを盛り上げる目的」と書いている。

時代や社会の風の中で、幟はそれに応じて生かされ、消され、また生かされてきた。今、平和の風に翻るのは、何と嬉しいことだろう。

二章　土俵を支える人々

行司①

「はっきよいッ　残ったッ！」の意味

行司は何をやる人か。もちろん勝負判定をする人だが、他にも想像もつかない仕事をやっている。

まずは勝負判定である。私の友人は今、すっかり相撲ファンになっており、ある日、大真面目に聞かれた。

「行司ってカン高い声で、いつも何か言ってるじゃない。何て言ってるの？　全然聞き取れない」

掛け声と口上《こうじょう》のことだろう。これらは掛けるべき時に、掛けるべき言葉を掛けている。

最初は、力士が土俵に上がった時の掛け声だ。

「遠藤に栃煌山《とちおうざん》」

平幕同士の取組では、このように一回だけ。しかし、十両最後の一番と三役以上には、「かたや稀勢《きせ》の里、稀勢の里。こなた白鵬《はくほう》、白鵬」と掛ける。これを「二声」と言う。

口上のひとつは、結びの一番で、二声の後に「この相撲一番にて本日の打ち止め」と言う。さらに、千秋楽の結びでは「この相撲一番にて千秋楽にござりまする」となる。鍛《きた》え抜かれた声で、行司独特の節回しの口上は、いいものである。

その後、土俵上の力士に掛ける言葉は短く、鋭い。観戦に慣れてくると、明確に聞き取れるようになる。

まず仕切りに入ると「見おうてッ」。これはしっかり「見合って」という意味だ。立ち合いの動作に入る時は土俵に両手を下ろせという意味で「手を下ろしてッ」。両力士の呼吸が合わないと「まだまだッ」。制限時間がくると、「時間です」と告げた後、「待ったなしッ」と掛ける。

対戦が始まると「はっきよいッ」と「残ったッ」で、これは多くの人が聞き取っているだろう。「はっきよい」は両力士が組むなどして動かなくなった時、奮起《ふんき》を促《うなが》す掛け声で、「発気揚々《ようよう》」からきているという。「残ったッ」は力士が動いている時に掛け、「相手はまだ踏みとどまっているよ」「勝負はついていないよ」と知らせている。

長い相撲になると、土俵下の時計係審判委員が、行司に「水入り」の合図を送る。それを受け、行司は勝負を中断させる。力士は土俵下でまわしを締め直したりして、小休止。再び土俵に上がると、中断前と同じ形に組む。これも行司の仕事で、やめた時の形を寸分違わず覚えておき、再現するのである。そして、審判委員と力士に異議がないかを確認した後、「いいか、いいか」と掛け声を発する。「いい」となれば、行司は両力士のまわしを同時にパンッと叩《たた》く。勝負再開である。

いかなる時も、行司は土俵上で瞬時にして判定を下し、勝者に軍配《ぐんばい》を上げなければならない。瞬時にだ。

現実にはとっさには判定しにくい勝負や、どちらが先に落ちたかわからない勝負も多い。ビデオなどで角度を変えて見れば、勝っていたと思う力士の足が先に出ていたりもする。

さらに相撲には、「死《し》に体《たい》」という判定が難しい体勢がある。「死に体」について、『相撲大事典』(金指基、現代書館)には、次のように書かれている。

「体の重心を失ったり復元力がなくなって逆転は不可能である、または、それ以上相撲は取れないと判断される体勢に陥ったときをいう。例えば、体が後方へ三〇度以上傾き、つま先が上を向いてしまったような状態をいう」

読者の方々も体を三〇度以上倒し、つま先が上を向くようにすると納得されよう。これではとても逆転はできない。まだ勝負はついていないのだが、「死に体」と見なすと「負け」と判断され、行司は相手方に軍配を上げる。一方、体勢が完全には死んでおらず、うっちゃりもあり得るというような「生き体《いたい》」との判別は非常に難しい。

それでも、どんな状況でも、行司は必ず軍配をどちらかに上げなければならない。世間の種々のアンケート調査などでは「いい」「悪い」「どちらとも言えない」と三項目が並んでいるのをよく見るが、行司には「どちらとも言えない」は許されない。土俵上でモタモタと迷っていることも許されない。自分の目を信じて、瞬時にしてどちらかに軍配を上げるのである。

土俵下の勝負審判委員が、行司のこの判定はおかしいと思うと、「物言い」がつく。全審判委員が土俵に上がり、「ただ今の勝負」について協議する。時にはビデオ室とやり取りをしたりして、慎重に見極める。それによって「軍配通り」か「行司差し違え」か、また両者同体と見て「取り直し」かが決まるのだ。

この時、行司は協議に参加できるが、最終判定は審判委員の権限。その結果、一度は軍配が上げられた力士が、負けとなることはままある。「行司差し違え」である。

審判委員がつけた最終判定に、行司も力士も一切口ははさめない。腹の中で「どこを見ているんだ、軍配通りだよ」と思っても、「俺が間違いなく勝ってたよ」と思っても、潔《いさぎよ》く何も言わずに引き下がるのである。これは欧米から入ったスポーツと大きく違うところだ。

ヒゲの伊之助　涙の抗議

ところが、長い相撲史の中で、敢然《かんぜん》と反論した行司が一人いる。

審判委員が「行司差し違え」として勝敗をひっくり返した時、「冗談じゃない。俺の目は確かだ」と土俵上で激しく抗議したのである。自分の判定に自信があり、審判委員の決定は到底受け入れられなかった。長く激しい抗議の末、最後には涙を流して土俵を叩き、頑として引き下がらなかった。

これは昭和三十三（一九五八）年九月場所初日のことである。立《たて》行司（行司の最高位）の第一九代式守伊之助《しきもりいのすけ》が、前頭七枚目の北の洋《なだ》と横綱栃錦《とちにしき》の一番を裁いた。

伊之助は、真っ白なあごヒゲを胸元まで垂らし、行司一筋に生きてきたという孤高の印象があった。「ヒゲの伊之助」として、またカン高い声から「カナリア行司」とも呼ばれ、絶大な人気を誇っていた。

問題の一番は伊之助七十一歳、行司としての最晩年である。

伊之助は北の洋に軍配を上げかけたが、すぐに栃錦に上げた。審判委員の物言いに対し、「北の洋の体が先に落ちていた」と、それは激しい抗議だった。

しかし、これは通らず、行司差し違えで北の洋の勝ちになった。そして、伊之助は「行司としてあるまじき態度」として、九月場所の出場停止処分を受けたのである（実際には一四日目から再出場）。

この「ヒゲの伊之助　涙の抗議」は、前代未聞の強烈な事件であり、今も語り継がれている。

実は私はこれをテレビでナマで見ている。約六〇年前のことであり、友人たちは「まさか。あなた十歳かそこらよ」と笑う。

だが、一人で膝《ひざ》の上に手を置き、じっと白黒テレビを凝視していた十歳の自分を記憶している。昭和三十三年九月というのは、皇太子（現在の上皇陛下）御成婚の約半年前であり、一気にテレビを持つ家庭が増えた頃だ。私の家でも、買ったばかりだったのだろう。見ない時はゴブラン織もどきの布をかぶせて、大切にしていたものである。

普通の十歳の少女なら覚えていないかもしれないが、私は四歳からの筋金入りの「スー女」だった。伊之助が泣いて土俵を叩いたシーンは覚えていないが、カン高い声でまくしたて、長く白いあごヒゲを震わせ、審判委員に食ってかかっていた表情もハッキリと覚えている。

そして、差し違えが決まって、伊之助が不本意ながら北の洋に勝ち名乗りを上げたこともだ。世紀の抗議をナマで見た記憶に間違いはない。これはスー女歴六五年の私の、ひそかな自慢でもある。

差し違えは「行司黒星」とも呼ばれ、行司にとっては最も恥ずべきことである。

立行司の木村庄之助《きむらしょうのすけ》、式守伊之助が腰《こし》に短刀を差しているのは、テレビでもよくわかるが、これは「差し違えたなら腹を切る」という覚悟を示している。実際には腹は切らないが、直ちに理事長に進退を伺《うかが》う。これほどまでに行司の、特に立行司の判定は重い。

その立行司だけが、短刀を差すように、行司にも驚くほどの格差が定められている。

次節はその格差や「これも行司の仕事なの？」という不思議議をご紹介したい。

行司②

くやしかったら番付を上げろ

行司にも階級があり、それに応じて細かい格差がつけられていると知ると、「力士だけでなく、行司にも格差があるの？」とびっくりする人もいると思う。

あるのだ。厳然とある。

行司のランクは八段階に分かれており、力士でいえば横綱といえる最高位が「立行司」。これは木村庄之助と式守伊之助を名乗る二名だけである。その下が三役行司、そして幕内行司、十枚目行司、幕下行司、三段目行司、序二段行司、序ノ口行司で、力士と同じ序列である。

「十枚目」とはいわゆる「十両」のことであるが、力士は十両になって初めて一人前に扱われる。それと同様に、行司の場合も幕下行司から序ノ口行司までを、ひとからげにして

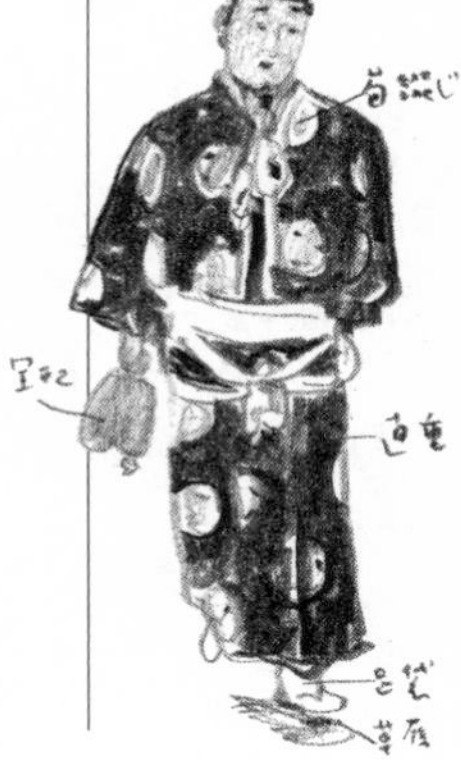

「幕下行司以下」と呼ぶ場合がある。力士においては、すべてが「くやしかったら強くなれ」で処理されるが、行司も「くやしかったら番付を上げろ」ということになる。

ただ、行司の場合、立行司も幕下行司以下も装束《しょうぞく》は同じである。すべての行司が直《ひた》垂《たれ》に烏帽子《えぼし》、そして軍配を持つ。ところが、色や生地、持ち物、履《は》き物などに、下表のように細かく差がつけられている。

軍配の房色は、直垂についている菊綴《きくと》じ（菊の花のような丸い飾り）から紐《ひも》に至るまで、その階級の色しか使えない。色を見れば行司の階級は一目でわかる。

また、履き物において「通い草履《ぞうり》」と「上草履」が許されているのは、立行司と三役

行司の階級と装束

階級	装束	装束の生地	持ち物	履き物	軍配の房色
立行司	直垂 烏帽子	夏は麻 冬は 厚手の絹	軍配 左腰に短刀 右腰に印籠	白足袋 通い草履 上草履	庄之助：総紫 伊之助：紫白
三役行司	〃	〃	軍配 右腰に印籠	〃	朱
幕内行司	〃	〃	軍配のみ	白足袋 通い草履 のみ	紅白
十枚目行司	〃	〃	〃	〃	青白
幕下行司	直垂は 膝下で絞り、 ニッカポッカの ような形	夏も冬も 木綿	〃	裸足	黒または青
三枚目行司	〃	〃	〃	〃	〃
序二段行司	〃	〃	〃	〃	〃
序ノ口行司	〃	〃	〃	〃	〃

筆者作成

行司のみである。「通い草履」は行司部屋と花道の往復に履く。まさしく「通うための草履」。そして、花道で「上草履」に履き変える。つまり、俗域を歩いてきた通い草履を脱ぎ、聖域の土俵とは「上草履」で向かい合うのである。これは勝負審判委員も同じで、物言いで土俵に上がる時は必ず上草履に履きかえている。テレビでもわかる。

幕内行司と十枚目行司は、通い草履のみが許されており、土俵という聖域に上がる時は白足袋《たび》である。白は潔斎《けっさい》を表す色だ。そして、幕下行司以下は、草履は一切許されず、通いも土俵上も裸足。裸身は「生れたままの清浄無垢《むく》な姿」（『日本民俗事典』弘文堂）とあり、裸足も聖域に上がるにふさわしい。

なお、全行司は必ず「木村」か「式守」を名乗ることになっている。両家とも由緒ある行司家で、江戸時代には吉田家、岩井家などの名もあったものの、明治以降の東京相撲は木村家と式守家だけが残った。

それは今も続いているが、テレビでもよくわかる両家の違いがある。「軍配の持ち方」だ。木村家は手の甲を上にして持つ。式守家は甲を下にして持つ。これについて、相撲博物館学芸員の土屋喜敬は、『相撲』（法政大学出版局）の中で、甲を上に向けるのを「陰」、下に向けるのは「陽」の型だとしている。

知られざる意外な仕事

そして、「あれも行司の仕事なの!?」と聞いて驚くのが「場内アナウンス」だろう。おそらく、「土俵を築くのは呼出の仕事」ということと同じくらい、知られていないのではないか。

たとえば十両や幕内の土俵入りの際、場内アナウンスがあり、テレビでも聞こえる。その番付最下位から最上位までをよどみなく呼び上げ、出身地や所属部屋も紹介する。

「これより東方幕内土俵入りであります。先頭は木村庄太郎、続いて豊山、新潟県出身、時津風部屋。妙義龍《みょうぎりゅう》、兵庫県出身、境川部屋……」

などとアナウンスの順に、力士は土俵に上がる。

では、どこに放送席があるのか。NHKの放送席だと思う人もあろうが、違う。土俵下の桝《ます》席最前列に、簡単な放送機器とモニターを置き、アナウンスしている。幕内、十枚目、幕下行司が二名で組み、交代でやる。ジャケットなど普通の服装なので、行司だとはまず気づくまい。

私は病気をしてドクターストップがかかるまで、正面土俵下の最前列の席を、年間を通して買っていた。手術をしたため、力士が落ちてきては危険だと言われ、泣く泣く手放したのだが、あの席に座って初めて、放送席に気づいた。そのくらい目立たない。

取組が始まると、行司二人組は忙しい。一名は対戦する両者を場内アナウンスする。「東方、稀勢の里、茨城県出身、田子ノ浦部屋。西方、白鵬、モンゴルウランバートル出身、宮城野部屋。呼出は拓郎、行司は式守伊之助、本日結びの一番であります」

その後、一名は土俵上の取組を見て、もう一名はモニターを見ている。「ただ今の決まり手は寄り切り、寄り切りで稀勢の里の勝ち」などとアナウンスする。よくNHKの実況中継で、アナウンサーが「場内は寄り切りを取りましたね」などと言うが、その「場内」がこのアナウンスである。判定しにくい時は、ビデオ室に確認してからアナウンスする。

土俵入りにおける力士名はもとより、出身地や所属部屋の紹介など、原則として原稿は見ていない。どんなに入れ替わりがあろうと、たいていは頭に入っている。勝負判定も瞬時にする。これは行司でないとできないと、私はいつも感心していた。

また、テレビではあまり見られないのが、「顔触《かおぶ》れ言上《ごんじょう》」である。

横綱土俵入りの後で、立行司と呼出が二名で、明日の幕内の取組を紹介するものだ。このハイテクの時代にアナログの極みともいえる方法で、実際に見ないことには信じられないだろう。

「顔触れ」とは、明日の対戦力士二名の名を相撲字で筆で書いた半紙のことである。行司はこれを手にして土俵中央に立ち、

「はばかりながら、明日の取組をご披露《ひろう》つかまつります」

と口上を述べる。そして、「顔触れ」をすべて白扇《はくせん》の上に載せ、「宇良《うら》には貴景勝」というように一枚ずつ読み上げ、左手で東、正面、西、向正面に回す。その後、背後で蹲踞《そんきょ》している呼出に、手渡す。

呼出は左手でそれを受け取ると、今度は西、正面に見せる。その後、右手に持ちかえ、東、向正面に見せる。これで三六〇度、全方向に二回見せることができるわけだ。初めて見た時、私はこのアナログな手法に本当に心を打たれた。

こうやって、すべての「顔触れ」を紹介した後、行司は、

「右、相つとめまするあいだ、明日も賑々《にぎにぎ》しくご来場を待ちたてまつります」

と独特の節回しで述べると、会場からドウッと拍手が沸《わ》く。もうゾクゾクする。

実は私は一枚だけ「顔触れ」を持っている。タニマチ（相撲の後援者）から頂いたもので「武蔵丸　寺尾」と書かれている。家宝である。

この「顔触れ」や毎場所の番付を書いているのも、行司である。それも前述した「相撲字」という書体で書かなければならない。館内で番付を買うとよくわかるが、相撲字は字に隙間を作らず、白いところをできるだけなくした書体だ。これは隙間がないほど客が入るようにという縁起が込められている。

行司は入門と同時に、相撲字をみっちりと練習させられるのである。

他にも土俵祭りでの「神迎え」や千秋楽の「神送り」も行司の最重要な仕事のひとつだし、全力士の勝負結果を毎日記録するのも行司である。

勝負判定ばかりではないと知ると、さらに行司の一挙手一投足を見逃せなくなる。

呼出

史上初めて番付に載った伝説の呼出

私はよく「自分の人生の幸せ」として、プロレスラー力道山のナマを見たことを思う。「自分の人生の残念」は、横綱双葉山《ふたばやま》のナマとプロボクサー白井義男のナマを見ていないことだ。

相撲の呼出もそうで、私は名呼出とされた寛吉《かんきち》も米吉もナマで見ている。寛吉は姿が男っぽく、凛々《りり》しい呼び上げには魅了された。八歳で角界に入り、どれほど鍛えられたものかと思う。米吉は美声な上に佇《たたず》まいが粋《いき》で、柝《き》入れの姿など見惚れるものだった。

一方、私の残念は太郎と小鉄のナマを見ていないこと。太郎は明治三十一（一八九八）年に十一歳で入門。その太鼓《たいこ》は不世出とされた。あれほどのバチさばきは、二度と聴けまいと言われる。昭和四十四（一九六九）年には角界初の生存者叙勲《じょくん》に輝いた。また、小鉄の美声も破格だったと今に伝わる。小鉄が呼び上げのために土俵に上がると、その声を聴きもらすまいと館内が静まり返ったという。二人の晩年には、私はすでに相撲オタクではあったが、力士ばかりに思いが行き、記憶にない。つくづく残念である。

現在、呼出の名前は番付に載っている。この原点は太郎の力である。昭和二十四（一九四九）年、太郎が「名前を載せてほしい」と協会に願い出て、受け入れられたのだ。しかし、太郎が定年になると、また番付から消された。

これをどう考えるか。私は太郎の存在の大きさを、協会が十分にわかっていた証拠だと思う。太郎の願いであればこそ、協会は受け入れた。しかし、太郎がいなくなったので、再び消した。そう考える。つまり、協会は当時、呼出までを番付に掲載したくなかったと推測する。太郎の存在感がわかる。

そして平成六（一九九四）年、十両から上の階級にある呼出の名を再び番付に載せ、現在に至っている。これは不平等や差別を許さなくなった社会の影響でもあろう。

現実に、呼出は名前が載って当然の、実に多岐《たき》にわたる仕事をしている。行司と同様に、呼出なしでは大相撲は成立するまい。

呼出には「三大仕事」というものがある。

ひとつは誰もが知っている「呼び上げ」だ。たっつけ袴《ばかま》をはいた呼出が土俵に上がり、白扇を広げる。そして、控《ひか》え力士の名を独特の節回しで呼び上げる。この時の呼出の所作は、館内でもテレビでも注目の的となる。

この呼び上げ方にさえ、相撲界の格差がある。番付の序ノ口から幕内までは四股名《しこな》を一回だけ呼ぶ。「ひが〜し〜、ゆたか〜やま〜、に〜し〜、こと〜のわか〜」というように「一声」だ。しかし、三役以上の力士を呼び上げる時は「二声」。「ひが〜し〜、てるの〜ふ〜じ〜、てるの〜ふ〜じ〜」となる。十両最後の取組もなぜか二声だが、三役以上がどれほど別格かわかろうというものである。

三大仕事の二つ目は「太鼓」。これは三九頁で詳しく書いているが、基本的に櫓《やぐら》の上で叩くため、「櫓太鼓」と呼ばれる。

太鼓の叩き方には違いがあり、それぞれの意味がある。初日の前日には「触れ太鼓」と言って、呼出が叩きながら街を歩く。明日から相撲が始まるよという知らせだ。

また「寄せ太鼓」は場所中には毎朝打ち、客を「寄せる」の意がある。「跳《は》ね太鼓」は弓取式後に打たれ、客を送り出す意味を持つ。

太鼓の練習は厳しく、跳ね太鼓を打てるようになるには五年かかるとも、一〇年かかるとも言われる。

いかなる時も〝粋〟が求められる

三つ目が大仕事で「土俵築《どひょうつき》」である。これについても拙著『大相撲の不思議』（潮新書）に詳しく書いているが、土俵は毎場所造り直される。前場所の土俵をすべて壊し、真新しい土俵を造る。あまり知られていないが、実はこれ、呼出の仕事である。機械は一切使わず、取り壊しから再構築まで、呼出全員がすべて手作業で造りあげる。

全工程で四日間ほどかかるが、私はそれを見るために毎朝通ったことがある。土俵は直径四・五五メートルの正円。これをコンパスも使わずに正確に築く。土俵のベストな湿《しめ》り気も、掌《てのひら》で感知して調整。「手仕事の伝承」を目の当たりにし、そして呼出の卓越した技に、呆然《ぼうぜん》とした。

この「三大仕事」の他にも多種多様。「水つけ」は多くが目にしているだろう。

番付が十両から上の力士は、土俵上で力水《ちからみず》や化粧紙《けしょうがみ》とも呼ばれる力紙《ちからがみ》の使用が許される。東西の力士は赤房下と白房下から土俵に上がるため、幕下格以下の呼出は、両房下に控える。そして、土俵上の力士に力水の入った柄杓《ひしゃく》を渡す。力士の動きに合わせ、口を拭《ふ》く力紙や汗を拭くタオルも渡す。時間一杯の合図が審判から来ると、「時間です」と力士に伝える。小さな声だが、テレビでも口の動きでわかる。

こうして取組が始まるのだが、力水の入った水桶《みずおけ》は、土俵下に置いてある。取組中の力士が落ちてくることもあるわけで、もしも水桶の上に落ちては怪我もあり得る。そこで「危ない！」となったら、呼出は直ちに水桶を持って逃げる。

これについて、呼出重夫が面白い本音を語っている（『大相撲ジャーナル』二〇一九年三月号、アプリスタイル）。

「呼び出し特有の美学があって、とにかく慌てた顔をしないこと。あくまで我々は黒子なので、さりげなく逃げてさりげなく戻り、あたかも何もなかったかのように振る舞《ま》うのが理想とされています。逆に、力士が落ちてきそうでこなかったのに逃げていると、それはそれで恥ずかしいものです」

いかなる時でも粋な佇まいを求められるのが、呼出なのである。

そして、「柝入れ」も重要な仕事である。これは相撲の進行の折々に打つ拍子木《ひょうしぎ》のこと。テレビでもよくわかるが、大相撲では、すべての合図が柝なのだ。取組前や取組後、また土俵入りなどすべてが、呼出の打つ柝で知らされる。十両最後の取組と結びの一番では、「とざい、とーざーい（東西東西）」の声と共に柝が入る。また、弓取式終了と同時にも柝が入る。これが「あがり柝」と呼ばれるもので、打出しの合図である。

柝は桜の木で作られ、実にいい音がする。その音が客を異世界へと誘う。音楽やベルで知らせては、そうはいかない。

さらに「懸賞幕」を持って、東から土俵を一巡するのも呼出の仕事である。取組前に幕を倉庫から出し、綿密なチェックも怠《おこた》らない。取組後には、呼出が懸賞金の熨斗《のし》袋を行司に渡す。行司はそれを勝ち力士に渡す。受け取った力士は、土俵下でそれを呼出に渡す。すると呼出は、熨斗袋の水引きに下がりをはさんで返す。

もしも勝ち力士が、熨斗袋をじかに手にして花道を下がったなら、これは美しくない。だが、下がりをはさんで下がる姿は、粋なものである。

私は「土俵という聖域――大相撲の宗教学的考察」という論文を準備している時、古い文献なども読まないとならなかった。すると、本来調べていることではないのに、「へぇ」と思わされる記述に当たったりする。

『古今相撲大全』は宝暦十三（一七六三）年の書籍だが、そこには「前行司」という言葉があった。彼らは力士の呼び上げなどをやっていたようで、これは今で言う呼出だろう。さらに、『相撲今昔物語』は天明五（一七八五）年の書物だが、ここには前述の前行司を「ふれ」とか、「名乗上げ」と呼んだとある。まさに呼出ではないか。

ただ、呼出の起源は、奈良、平安時代の宮中行事「相撲節会《すまいのせちえ》」にあるともされる。とすると、約一三〇〇年もの歴史を持つ仕事なのだ。

現在の呼出はたっつけ袴をつけているが、その腰の部分に板のようなものが飛び出ているのにお気づきだろうか。あれは「腰板」と言って、力士の四股名が刺繍《ししゅう》してある。「照ノ富士」とか「貴景勝」とかだ。

あれは力士が大関か横綱に上がった時に、呼出にたっつけ袴を贈るならわしによる。刺繍は贈った力士の四股名なのである。

腰板一枚も、ナマで見ておくのがいい。

床山

スー女 牧子の直談判!?

今になると、よくあんな大それたことができたものだと思う。

私は会社員だった二十代の頃、日本相撲協会に電話をかけたのである。

「床山《とこやま》になりたいのですが、私を雇《やと》って頂けませんか」

昭和四十年代後半だっただろうか。社会はまだ男尊女卑《だんそんじょひ》の雰囲気が強く、女性は早く結婚すべしという風潮だった。おそらく、圧倒的多数の企業が社員教育から登用、待遇に至るまで、男女に大きく差をつけていたと思う。

私は事務能力ゼロで、雑用も満足にこなせない社員であったが、正当に鍛えられて評価される仕事に転職したいと思っていた。それには、特殊な技術を身につけるべきだ。それを持っていれば、いやでも社会は認め、仕事を任せるだろう。

その時、私は「床山だ！」と膝を打ったのである。美容師ではなく、力士の髷《まげ》を結う床山を真っ先に思い浮かべた。それは、好きな相撲がらみの仕事なら、どんな苦労もできると自信があったからだ。

私の電話を受けたのは、協会の男の人だった。総務とか事務方の人だろう。

「床山って……あなたがなりたいんですか」

「はい。そうです」

彼は説くように言った。

「取組前の力士には、女性は触れられないんですよ。申し訳ありません」

私はすぐに納得し、引いた。相撲界は基本的に男だけで動かしている社会であり、私はそれを文化として肯定していた。

確かに、四歳の頃からの「スー女」としては、相撲や力士についてはある程度の知識はあった。まして、会社員時代は力士や花相撲（本場所以外の慈善《じぜん》相撲や巡業《じゅんぎょう》で見せる興行等）を追って、全国津々浦々まで行く「追っかけギャル」のはしりだったのだ。

だが、床山については何も知らなかった。床山は花相撲で、観客に髷を結う実演を見せる。それを毎回うっとりと眺《なが》めていた私は、大まかな手順まで覚えていたほどではあった。

が、後に初めて知ることになる。

床山の新規採用は「義務教育を終了した満十九歳までの男子」と定められている。理容や美容の経験や資格はいらない。志望者は各相撲部屋に入門して、所定の応募書類と師《し》匠《しょう》名による「採用願」を協会に提出する。採用されると身分は協会員となり、給料も協会から支払われる。

十九歳以下の志望者男子は、必ずどこかの相撲部屋に所属しなければならない。最初は部屋住みだ。師匠や力士たちと寝食を共にし、部屋の雑用をこなしながら、修業する。職人世界である。そして、この特殊技能の職人世界は、厳然と六階級に分かれている。

最上の階級は「特等床山」。以下「一等床山」から「四等床山」と続く。そして六階級の最下段が「五等」で、これは見習いである。等級は、勤続年数や技能の優秀さなどにより決められるが、床山としての資格を持つのは二等から上だけだ。

五等の見習いは、三年間は修業の身。たとえ等級が四等に上がっても、二等にならない限り「見習い」である。部屋の雑用をこなしながら、兄弟子から厳しい指導を受ける。そして一門の研修会に出て、他の床山の技を見たりもする。落ち込むこともあろうが、より一層励《はげ》むしか道はない。

床山の定員は五〇名とされるが、各部屋の状況などにより、若干の追加採用もある。相撲協会のホームページによると、令和二（二〇二〇）年十二月十一日現在では四九名。その中で特等は一人だけだ。この特等と一等の一八人のみが、番付に名前が載る。そして、まだ資格のない三等から五等には、二一人もひしめく。

相撲協会には「床山勤務規定」が定められている。昭和六十二（一九八七）年の一部を抜粋する（『相撲大事典』）。

「床山は、上位の者を長として班を編成し、担当相撲部屋を定め、巡回して力士の結髪を行うものとする」

「班長は、自己の裁量により班員に指示し、班員は班長の指示に従い行動し、担当相撲部屋力士の結髪を行うものとする」

これを読んだだけでも、修業中の者がいかに気の抜けない毎日を送っているかがわかる。兄弟子や班長の指示は「絶対」なのだ。

当然、「差別だ」「同じ人間だ」「古くて忌々《いまいま》しき弊習《へいしゅう》だ」とする考え方もあろう。ただ、時代に応じて多少は変わったにしても、職人が技を磨《みが》く過程はこういうものではないか。自由で個を尊び、自分の思うように学ぶ姿勢は、少なくとも職人技を身につけるには不適当と思う。まして、相撲の床山は「伝統技術の伝承」という命題をも持つ。

髷棒一本で作りあげる芸術

床山の名前は、原則「床」という字の下に一文字がつく。「床淀《よど》」「床鶴」「床弓」というようにだ。見習いの者たちにもついている。この一文字は本名から取ったり、所属部屋にちなんだものだったりするらしい。私は協会に電話をかける前に、早くも「床牧」という名を決めていた。ホントに書くだけで恥ずかしい。

床山にとって、やはり目指すのは十両以上の力士だけに許される「大銀杏《おおいちょう》」を結うことだろう。これは力士にとっても、目指すものだ。それ以下の力士は「ちょん髷」しか許されない。大銀杏は、力士の頭頂部に載った髷の先が、銀杏の葉に似ている。そこからついた名で、テレビで見ても、よくわかる。

床山がこの髷を結えるようになるまでの修業年数は、四、五年というものもあれば、一〇年とするものもある。どちらにせよ長い歳月だ。

『知れば知るほど 行司・呼出し・床山』（ベースボール・マガジン社）によると、髷は美しい仕上がりが求められるのはもちろんのこと、力士の頭を怪我から守る役割があるという。「よい大銀杏」について、力士の一人は次のように語ったそうだ。

「ヘルメットをかぶせてもらった感じ」

こういう髷を結うには、仕事道具がモノを言う。床山に限らず、あらゆるジャンルの職人は、仕事道具に心血を注ぐ。床山の場合、四種類の櫛《くし》類、髷を縛る元結《もとゆい》、髷棒、鬢《びん》つけ油などがある。

元結は丈夫で良質の和紙を細長く切り、木綿で巻く。そこに海藻と米で作った糊《のり》を塗《ぬ》って乾燥させたものだ。これで、髷となる髪を縛る。

髷棒という名を初めて聞いた人も多いと思うが、細長い柄の上に、ピアノ線や畳針《たたみばり》など鋭い金属がついている。バーベキューなどの焼き串《ぐし》を思い起こしてもらうと、わかりやすい。無知な私が床山を目指したのは、この髷棒を扱いたかったというのもひとつだ。床山が髷棒で大銀杏を結う技は、もうため息ものなのである。至芸である。

大銀杏では、両耳にかかる髷の部分が美しい曲線を描いて張り出している。また、後ろには張り出した髱《たぼ》が、たっぷりした曲線を描く。床山はそれらの曲線を、この焼き串のような髷棒で鮮やかに作りあげる。また、髷先を銀杏の葉のように広げるのも、これ一本である。

テレビで土俵入りの力士を見てほしい。大銀杏の美しい曲線に、今さらながら匠《たくみ》の技を感じると思う。

鬢棒は売られてはいないため、すべて床山が手作りする。自分が使いやすいように、また担当する力士の髪質に合うか否かなど、工夫をこらす。兄弟子から譲《ゆず》られたり、定年時には弟弟子に譲ったりもあるという。花相撲に行ったなら、ぜひ鬢棒を使う床山に注目である。

鬢つけ油は、正式には「すき油」と言う。床山が自分の掌に塗って力士の髪につけていく。日本製、外国製を問わず、世に整髪料は多い。だが、鬢つけ油の匂《にお》いのするものはないだろう。甘くねっとりした香りは、力士がどこにいても周囲に香る。ある元力士が言っていた。

「鬢つけ油をつけてる間は、女の人にモテましたよ」

わかる。力士のフェロモン剤だ。

私は今になって思う。電話で対応してくれた協会の男性は、十九歳までの男子に限るとか、部屋住みとか、そういうことは一切言わなかった。あの一言で断るのだから、やはり角界は粋な世界だ。

若者頭

スーツ姿の若者頭

時々、聞かれることがある。

「優勝力士が賜盃《しはい》とか盾《たて》とか、土俵上で授与された後で、それを土俵下にいる係の人に手渡すでしょう。あれは誰ですか」

私が「相撲協会の人ですよ」と答えると、十中八、九は言う。

「でもスーツ着てますよ。協会の人はジャンパー着てるでしょ。取組で怪我した力士を車椅子に乗っけて搬送《はんそう》する人だって、みんな」

「土俵下で賜盃などを受け取る人も、車椅子で運ぶ人も、協会職員で『若者頭』と言います」

「えーッ、内館さんの言う人と違います。みんな、若くないですから」

「いえ、『若者頭』というのは職務名です。引退した力士が就《つ》きますから、若くはないですけど、色んな仕事をこなすんですよ。『力士養成員』として、幕下以下の力士の監督指導もしますし、土俵上の進行もします」

「ああ、よく聞く『世話人』とか『マネージャー』のことですね」

「いえ、世話人とマネージャーと、若者頭は全然違うんです」

「は？」

必ずこうなる。もう必ずだ。

「若者頭」は「わかいものがしら」と読み、十両か幕下の地位で引退した力士が就く。だが、定員はわずか八名。監督指導者としての人格、技量に加え、迅速に適切に業務をこなすセンス、能力などが必須。それを認められて初めて、日本相撲協会の一員として採用される。

「世話人」も、十両か幕下で現役引退した力士が就く。仕事は若者頭の補助のようなことから、用具の管理や運搬、また木戸口で客の世話、そして力士支度部屋の管理もする。これらの職務に適格とされた者を、協会が採用する。現在の定員は一三名で、こちらも狭き門である。

一方、「マネージャー」は協会員ではない。各相撲部屋が、必要とあれば個々に雇用《こよう》する。つまり、彼らの給料は協会からではなく、雇われている相撲部屋から出ているのである。やはり、幕下以下で引退した力士が就くケースが多いようだ。長く部屋住みを続け、親方やおかみさんの気質もわかっていれば、所属力士たちの性格や好みも熟知。円滑《えんかつ》に部屋運営ができるよう、多くの業務に奔走《ほんそう》している。

若者頭も、普段は協会のジャンパーを着ている。ただ、千秋楽の土俵下はいわば「ハレ」の場である。そこにふさわしい礼節として、スーツにネクタイで装っている。

余談だが、私が横綱審議委員の時に、内閣総理大臣杯を授与する官房副長官が、クールビズ姿で土俵に上がった。襟元《えりもと》のボタンを外してだ。私は横綱審議委員会の席上で、「協会はなぜ着替えて来てほしいと言わなかったのか。普段着で上がっていいと考えているのか」と激怒したことがある。まともな回答は得られなかったが、土俵下にいる若者頭がスーツとネクタイで臨む意味を、協会は十分に承知しているはずだ。私は委員会で「日本の伝統文化、国技の何たるかも知らず、学ぶ気もない国会議員を、協会は叱《しか》る気概《きがい》を持て」と言ったことを思い出す。

若者頭と世話人のエピソードとしては、次の二人が有名だ。

一人は若者頭から年寄に昇《のぼ》りつめた雷《いかづち》ヶ《が》浦《うら》喜《き》太郎《たろう》。明治四十五（一九一二）年に引退した元十両力士だ。

「年寄」というのは、親方のことである。若くないのに「若者頭」といったり、若いのに「年寄」といったり、相撲界の言葉はややこしい。

年寄になるのは非常に難しい。現在、種々の条件を満たすこと以前に、幕内を通算二〇場所以上か、幕内と十両を通算三〇場所以上、または三役を一場所以上務めた力士でなければならない。あるいは横綱・大関を務めたか、そういう力士に限られる。さらに、「親方株」が必要だ。これは現在一〇五しかない。この一〇五に空きがあって取得しない限り、年寄にはなれないのである。

年寄は若者頭や世話人と違い、協会幹部である。協会の運営をはじめ、巡業から審判、広報に至るまで、そのトップとして重要な仕事を担う。もちろん、部屋を経営して力士を育てる職務がある。

若者頭から年寄に昇りつめるのは、常識的に考えればあり得ないだろう。だが、雷ヶ浦はそれをなした。昭和以降ではたった一人だという。

相撲史研究家の谷口公逸《こういつ》は、その経緯を『ＮＨＫ大相撲中継』（二〇一八年五月十九日号、毎日新聞出版）に書いている。

雷ヶ浦は人格高潔で、十両昇進を果たす強さもあり、師の大横綱常陸山《ひたちやま》に愛された。そして、常陸山が取りもって、年寄濱風《はまかぜ》の養子になったのである。つまり、養父が年寄ということだ。さらに、「御大・常陸山」は、亡くなった若者頭の後任として、雷ヶ浦を推薦《すいせん》。現役十両力士と若者頭を兼任させたわけである。谷口は書いている。

「御大が雷ヶ浦の人柄はもちろん、日ごろのコーチぶりに一目置いていたことが分かる」

引退した後は若者頭に専任。若き日の栃木山に、不得意の右腕の力用《りきゆう》を習得させた。後に彼が大横綱になったのは、ご承知の通りだ。谷口が、

「これこそが気付きの〝コーチング〟である」

と書く通りである。

そして養父濱風の死後、かつての若者頭は年寄濱風喜太郎を襲名した。この「出世談」は、雷ヶ浦がいかに真面目で、真摯《しんし》な力士であったかを物語っている。御大はその力量と、陰日向のない姿を見ていた。決してうまく取り入ったのではない。

というのも、年寄襲名時の昭和五（一九三〇）年、東京の力士会は三組の銀盃を贈っている。二〇年にわたる若者頭としての労に感謝したのだと、谷口は書いている。これこそ

が、地味な若者頭という裏方を、懸命に生きた証拠だろう。

YOSHIKI土足騒動

世話人の有名なエピソードは、平成二十（二〇〇八）年に起きた。元前頭力士で世話人の斎須稔《さいすみのる》と、X JAPANのリーダー・YOSHIKIの「事件」である。

横綱白鵬に招待されて両国国技館を訪れていたYOSHIKIが、支度部屋を訪れた。そこで記念撮影が予定されていたのだが、記者や関係者でごった返している。YOSHIKIはもみくちゃになりながら、上がり座敷《ざしき》を土足で歩いた。斎須世話人にはそう見えた。即座に一喝《いっかつ》。

「畳の上を歩くな。靴《くつ》を脱げ！」

その後、YOSHIKIは、撮影まで三〇分以上も待たされたあげく、今度は「急げ」だの「走れ」だのと命令された。怒ったマネージャーが、「あまりのごった返しであり、そこが畳かどうかもわからなかった。来てほしいと呼んでおきながら、世話人のあの態度は何だ」として、協会へ正式に抗議。YOSHIKI本人も「僕は呉服屋の長男であり、土足で畳の上を歩きはしない。あの世話人の態度は不愉快にさせますね」とコメントした。

招待した白鵬はすぐに謝罪し、協会からは「世話人本人も深く反省している。こういうことが二度と起きぬよう、言葉遣いなども指導・徹底する」旨の謝罪があったという。

支度部屋は女人禁制だが、私は外からのぞいたことがある。非常に狭く、体の大きな力士たちや記者、カメラマンたちが入るとごった返すだろう。ＹＯＳＨＩＫＩが畳だと認識していなかったのは当然だと思う。さらに、世話人のきつい言葉、数々の命令は無礼千万ではある。

しかし、斎須はＹＯＳＨＩＫＩを、横綱に招待された大スターとは思っていなかったようにも思う。とにかく誰かが土足で畳に上がったと見えた。その瞬間、鋭い言葉で注意した。待たせることも走らせることも、支度部屋を円滑に管理する世話人の職務として、これまでも懸命に遂行《すいこう》してきたことかもしれない。

ただ、相撲界の常識は、世間的には非常識ということがままある。協会も世話人も、多くを指摘されて初めて、世間では通用しないと気づいたのではないか。

若者頭、世話人、マネージャーは楽な仕事ではなく、かつ目立たない。だが、いないと協会業務や力士の生活が動かなくなることも、これまた事実である。

三章

まるで昔話？知られざる力士の日常

新弟子検査

シリコン注入で合格した舞の海

この後の五章でも触れているが、舞《まい》の海は技能賞を五回も取っている。それほどの力士になったのだが、実は入門したくても条件を満たしていなかった。

身長である。入門規定の一七三センチに届かない。とうとう頭にシリコンを注入。その出っぱりによって身長を高くして「新弟子検査」に合格している。

この「新弟子検査」とはどういうもので、何をどう検査して合格、不合格を決めるのか。舞の海のような規定外の、しかし優れた素質を隠し持つ人材は掬《すく》い上げられないのか。そう思う人は多いだろう。

通称として「新弟子検査」と呼ばれるが、本来は「力士検査」と言う。力士志願者は、日本相撲協会が定めた規定に従って受検する。

私は東北大で相撲に関する論文を準備していた時、ふと「昔は検査なんてなかったはずよね。いつからできたんだろう」と思った。相撲は神事に端《たん》を発していると考えると、それを司る人たちの体格は、そう問題にされなかったのではないか。奈良・平安時代の「相撲節会《すまいのせちえ》」では勝敗をかけて戦うが、貴族的な優美な技芸という文化的一面があった。

体格が問題にされるのは、「職業大相撲」になってからだろう。そう考えた私は、江戸時代からの「新弟子検査史」とでも言うべきものを、調べてみたことがある。

ところが、文献が見つからない。書かれたものがない。そんなものはやっていなかったという証拠だろうと思った。驚くべきことに、明治時代に作られた「東京大角觝協会申合規約」、そこにも書かれていなかった。力自慢、腕自慢の男は、自己申告で力士になれたのかもしれない。

大正時代には、さすがに「新弟子規定」はできている。だが、これがクルクルと変わるのだ。どうも時代や社会の風に合わせて変更しているように思える。相撲界というところ、伝統に対する強固な保守精神の一方、時代に合わせる融通無碍《ゆうずうむげ》精神も強い。これを両立させてしまうのだから、不思議な世界である。

どのように自在に変わったか。

大正十（一九二一）年
徴兵《ちょうへい》検査前の者
体量一九貫目（七一・二五キロ）以上
徴兵検査後の者
体量二一貫目（七八・七五キロ）以上
これは相当な体重である。現在のように栄養事情がよくなっても、七八・七五キロ以上は多くはあるまい。
昭和三十（一九五五）年
満二十歳以下の者　身長五尺五寸（一六六・六五センチ）以上　体重一九貫（七一・二五キロ）以上
満二十一歳以上の者　身長五尺六寸（一六九・六八センチ）以上　体重二一貫（七八・七五キロ）以上
こうしてさらに大きくなっていくが、昭和三十年代の社会を考えると、協会が強気に出るのもわかる。栃錦《とちにしき》と若乃花人気で日本中が沸《わ》きたっていた。力士になって一旗あげたい少年、青年は多かったのだと思う。加えて日本はまだ貧しかった。体の大きな息子を「口減らし」のために送り出す家庭も少なくはなかっただろう。

昭和三十二（一九五七）年

満二十歳未満の者　身長五尺七寸（一七二・七一センチ）以上　体重二〇貫（七五キロ）以上

満二十歳以上の者　身長五尺八寸（一七五・七四センチ）以上　体重二一貫（七八・七五キロ）以上

強気もいい加減にせよという規定だ。戦後一二年しか経っておらず、テレビも普及していない時代に、こんな大男がゴロゴロといるものか。

案の定、応募者も合格者も激減。

昭和三十三（一九五八）年

満二十歳未満の者　身長五尺六寸五分（一七一・一八センチ）以上　体重一九貫（七一・二五キロ）以上

満二十歳以上の者　身長五尺七寸五分（一七四・二一センチ）以上　体重二〇貫（七五キロ）以上

さすがの強気もここまでと観念したか、ケロッと引き下げた。

昭和三十四（一九五九）年

年齢に拘《かか》わらず、身長一七三センチ以上　体重七五キロ以上

スッキリと変わった数字は平成十二（二〇〇〇）年まで厳守された。

この間、後に大関になった大受《だいじゅ》と、前述の舞の海が身長不足で憂き目に遭《あ》っている。大受は中学一年生で志願したものの不合格。約二年も当時の高島部屋に住み込み、成長を待ったが、どうにも背が伸びない。それでも力士になりたくて、頭にシリコンを入れた。舞の海より前のことだ。そして大関まで昇進した。

ところが、引退して断髪すると、頭部の不自然な出っぱりが顕《あら》わになった。舞の海は合格後、シリコンを除去したが、大受の場合は昔の物質のせいか、除去不能だったそうだ。その後、平成二十一（二〇〇九）年に、現代医学によって除去でき、体調もよくなったという。

そして、大鵬《たいほう》・柏戸《かしわど》時代の昭和三十八（一九六三）年には、一年間で二五〇人もの合格者であふれた。

また、空前の若貴人気の平成四（一九九二）年には二二三人が、五（一九九三）年には二一一人が志願した。しかし、その終焉と共に、志願者も減っていった。

そこで、協会は規定の緩和に踏み切った。人数を集める目的もあろうが、大受や舞の海の影響は大きかっただろう。そこまでしても力士になりたいという本人の思いや、隠れた素質を見逃したくないという協会の思いが、その一因であったはずだ。

以来、現在まで身長一六七センチ以上、体重六七キロ以上である。

非常に体格基準を下げている上、「第二検査」という制度まで導入。ハンドボール投げや垂直跳《と》びなどの体力検査を行い、体は小さくても運動能力の高い者へ門戸を開くためである。

この第二検査によって角界入りした豊ノ島は、「豆タンク」の如《ごと》き体軀《たいく》からの下手投げで会場を沸かせた。技能賞も四回取り、最高位は東関脇である。ただ、この制度は平成二十四（二〇一二）年に役目を終えた。

明記がなかった「男子」規定

他の規定としては現在、「義務教育を修了した二十三歳未満の男子」と明記されている。いつのことだったか、私が横綱審議委員の時である。規定に「男子」と書かれていないことに気づいた。私が横審委員会でそれに触れると、協会幹部は「あッ!!」という顔をした。「昔の昔から、新弟子志願は男子に決まっている」と、頭から信じ込んでいる様子がうかがえた。そこに男女差別だの男女不平等だのという意識は一切ない。断言する。江戸の昔から明文化など思いもよらぬ「当たり前のこと」として伝わってきているのだ。

私は、

「もし、大相撲力士に女子が志願してきたらどうされますか。男子に限ることが明記されていない以上、男女平等と言われたら、拒《こば》めませんよ」

と言った。他の横審委員は全員男性だったので、彼らも「男がやるもの」と何の不思議も感じなかったのだろう。「男子」が明記されたのは、その翌年からではなかったか。平成十年代のことだ。

かつて相撲界は数々のスキャンダルに揺れたが、それでも本場所は「満員御礼」が続く。閑古鳥《かんこどり》が鳴いていた平成十六、七（二〇〇四、〇五）年頃に比べると、考えられない人気復活だ。

その一因として、若手力士の台頭、活躍があることは間違いない。入門して二、三年ほどの若手が、思い切りのいい取り口を見せるばかりか、金星や銀星を挙げたりもする。客が相撲人気に沸くのはわかる。

ならば、新弟子検査に志願者が殺到しているかというと、そうではない。ほぼ八〇人程度で推移している。人気復活で微増が続いてはいるが、二〇〇人超えが続いた時代とは隔世の感がある。

何よりも相撲裾野《すその》を広げる対策が必要不可欠である。私は東京都教育委員時代に調べたが、小中高とも、土俵のある学校は稀《まれ》だ。子供たちにどう相撲という競技の面白さをアピールするか。規定を緩め続けても生き残れない。

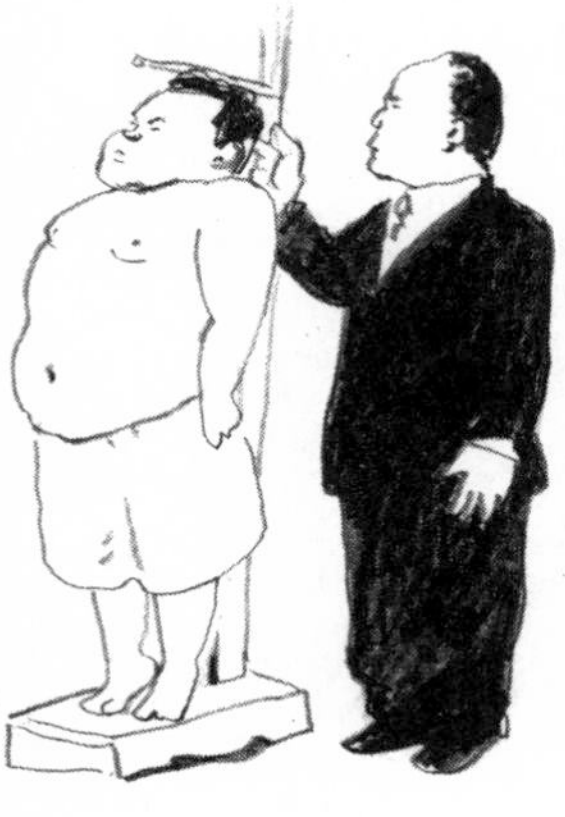

相撲部屋

大相撲の根幹を成す部屋制度

新型コロナウイルスの感染拡大がとどまるところを知らない中、「相撲部屋を廃止せよ。あれは三密《さんみつ》そのものであり、即刻やめるべきだ」という声があったと聞いた。折しも、高田川部屋の現役力士が、コロナに感染して亡くなり、そのニュースが世間に大きな衝撃《しょうげき》を与えていた。

どういう人たちの声なのかわからないが、部屋制度は大相撲の根幹を成すものである。人命尊重を踏まえた上で、関係者が十分な議論を経て決める必要がある。

相撲部屋は力士の番付によって、個室と大部屋に分けられている。下位力士が暮らす大部屋は、いわば雑魚寝《ざこね》に近い。かつ、兄弟子の世話を焼いたり、付け人の仕事をこなしたり、接近必至。マッサージも頼まれようし、着替えなども手伝う。チャンコの給仕もある。

部外者の「廃止せよ」の前に、まずは当事者が三密を避《さ》ける工夫を徹底する。それが先だ。ひとつの鍋《なべ》を囲むチャンコをどうするか、大部屋をアクリル板で仕切れないか、着替えなどは徹底した消毒《しょうどく》とフェイスシールドをつけるか等々、手を打てることは多い。すでに各部屋は、対策を講じているかもしれない。

「相撲部屋」とは、「日本相撲協会が力士の養成を委託《いたく》するところ」である（金指基『相撲大事典』現代書館）。つまり、協会に所属する力士を育てあげる場所だ。

大相撲は五つの一門に分かれている。出羽海一門、二所ノ関一門、伊勢ケ濱《はま》一門、高砂《たかさご》一門、時津風一門である。現在、相撲部屋は四四あるが、必ず一門のどれかに所属している。出羽海部屋、二所ノ関部屋など一門の名前になっているところを「本家」と考え、その一門に所属する各部屋を「分家」と考えるとわかりやすい。今も一門の結束は固い。

実は親方には二種類ある。「部屋持ち親方」（正しくは「部屋持ち年寄」というが、わかりやすいように「親方」としておく）と、「部屋付き親方」（同）だ。たとえば、高砂部屋は高砂親方、立浪《たつなみ》部屋は立浪親方というように、その名がついているのが、「部屋持ち親方」。この親方たちだけが「師匠《ししょう》」と呼ばれる。

そうなるには厳しい条件があり、まず日本国籍であること。そして年寄名跡を持っていないとならない。そうでないと、協会に残れないのだ。名跡の数はわずか一〇五で、引退すれば誰でも手に入るというものではない。

この「年寄名跡」は俗称「年寄株」といわれ、かつて世間を騒がせた。記憶している人も多いだろう。億単位のお金を積んでも株は手にできないなどという噂《うわさ》だった。

「部屋持ち親方」になるには、日本国籍で「年寄名跡」を持った上に、「幕内を通算一二場所以上」「関取を通算二〇場所以上」務めた者でなければならない。

一方の「部屋付き親方」は、部屋を持っていない。引退して年寄か準年寄となり、部屋に所属して指導をする。言うなれば「コーチ」であり、「師匠」とは呼ばれない。

力士たちは新弟子として入門すると同時に、必ずどこかの相撲部屋に所属し、寝食を共にする。師匠やコーチの指導を受け、兄弟子たちの世話をして尽くす。起床から就寝まで、細かく時間割りが決められており、その間に多くの雑務と厳しい稽古《けいこ》がある。また、師匠一家は「親代わり」として、たいていは相撲部屋の中に住んでいる。一日中、見張られているような気にもなろう。

こうしてやっと眠れる、自分の時間が持てると思っても、大部屋だ。プライバシーなどない。「くやしかったら強くなれ」なのだ。強くなれば個室を与えられ、雑用からも解放される。

三密に加えて、この部屋制度は現代では考えられないやり方である。「人権はないのかッ！」と怒る方々も多かろうし、「廃止せよ」になるのだろう。だが、相撲界はこの制度の中で、弟子を育て鍛《きた》えてきた。上に尽くすことも、みじめさを乗り越えることも、一門や同部屋力士との結束感を育てることもだ。

昭和四十（一九六五）年初場所までは、一門力士の取組はなかった。それは兄弟対決のようなものと考えられ、避けていたのだ。だが強者の揃《そろ》う一門と、そうでない一門に不公平が生じる。そこで同年初場所から「部屋別総当たり」に踏み切った。しかし、優勝決定戦などを除いて同部屋力士の取組は今もない。「同じ釜《かま》の飯を食う」者たちの戦いは避けている。

しのぎを削る新弟子集め

多くの資料によると、相撲部屋の原点は江戸時代にあったようだ。相撲協会の前身とも言うべき「相撲会所」は、江戸時代の宝暦七（一七五七）年頃に整ったとされる（日本相撲協会「相撲手帳」)。

その相撲会所を「相撲部屋」と呼んだらしい。さらに相撲年寄が自宅で弟子の養成を始め、これをも「相撲部屋」と呼ぶようになった。現在の相撲部屋と重なるが、この時代は大名に抱えられる力士も多く、必ずしも相撲部屋で暮らしていたわけではない。現在の形態になったのは明治以降だという(『相撲大事典』)。

その頃も現在も、いい弟子を集めて強い力士に育てあげることは、大相撲伝承のためにも相撲部屋の責務であり、師匠の使命だ。そこで、現在は協会から各部屋に支援金が出ている。「養成員養成費」「稽古場経費」などは、弟子の頭数によって支給額が算出される。また「養成奨励金《しょうれいきん》」もあり、これは十両以上の弟子を育てた師匠に対し、本場所ごとに支給される。支給額は、その弟子の地位に応じて決められる。

いい弟子を見つけること、そして弟子を出世させることは、部屋の存続にかかわるのである。そのため、各部屋は後援会などの縁故を頼ったり、師匠自らが出向いたりして弟子を探す。

現在も最大数の弟子を抱える佐渡《さど》ヶ嶽《がたけ》部屋だが、先代師匠(元横綱琴櫻《ことざくら》)は、断じている。

「名門と言われるような部屋が立派な力士を数多く輩出しているのは、あっちこっちからたくさんの弟子を集めてくるからですよ」

先代が入門した頃の名門部屋には一〇〇人近い弟子がいたそうだ（別冊宝島『相撲どすこい読本』ＪＩＣＣ出版局）。

「これだけの人数で揉《も》めば、いつかびっくりするような力士が出てきますよ」

と語っている。プロ野球が、新人に多額の契約金を出すのと違い、相撲はゼロ。その上、相撲部屋での厳しい生活、あげく十両までは無給だ。それでも弟子が入るのは、師匠とおかみさんの人柄、熱意が大きい。そしてスカウトのために、とにかく敏速に、こまめに動くことだという。

これも同誌が紹介しているが、ある人が前出の先代に「近所にぐれかかっている子がいる。親が角界に入れて根性を叩《たた》き直したいと言っている」と連絡した。同じ日の夜、また相談の電話をかけると、先代は言ったそうだ。

「いや、その子は、もうウチの二階で寝ていますよ」

「敏速」はここまで行くのである。

私は東北大学の相撲部総監督だが、ある年の主将は強く、いい体をしていた。だが、相撲の名門大学ではない国立のＣクラスだ。そんなある日、元スター力士から連絡があった。

「彼を預けてくれないか。一度、稽古に来てもらいたい」

驚いた。Cクラスにまで目を光らせているのか。主将に話すと「角界に興味はある」と言う。私はすぐに彼を連れて、某相撲部屋に行った。

元スター力士と部屋の師匠の前で、彼はいい相撲を取った。三段目下位には勝つこともあったほどだ。さらに熱心に勧《すす》められたが、彼は入門しなかった。肌《はだ》で感じたらしい。

「僕では、絶対に上に行けません」

ただ、私は彼にまで目をつけてくれた師匠たちに触発され、東北大相撲部に部員を勧誘《かんゆう》することに熱を入れた。

ある時、教室で坊主頭の新入学生を見た。体も悪くない。おそらく、高校時代に何かスポーツをやっていたのだ。相撲でなくても構わない。すぐに声を掛けた。

「相撲部に入らない？　何かスポーツやってたんでしょ。坊主頭だもの、わかるわ。稽古だけでも見に来て。ね！」

すると、彼は小声で言った。

「すみません。坊主頭は、僕、寺の息子なんです」

総監督はあえなく土俵を割った。

外国人力士の日本語

なぜ力士は日本語がうまいのか

読者の皆様からの感想は、編集部から私のところへ送られてきます。すべてに目を通し、どれほど励まされているかわかりません。心からお礼申し上げます。

その中に、「これは本当に不思議だ」と、誰もが思っているであろう質問がありました。令和三（二〇二一）年一月に岐阜県の八十三歳男性から寄せられたものです。

＊

「外国人力士はなぜ、数年で日本語を修得できるのか。日本人よりうまいと思うことさえある。彼らはどう言葉の壁を破っていくのか」

こういう内容である。

私もハワイ出身の小錦《こにしき》あたりから、その破格の上達ぶりを不思議に思い始めていた。その後、アルゼンチン出身の星誕期《ほしたんご》、ハワイの曙《あけぼの》、モンゴルの旭天鵬《きょくてんほう》、朝青龍《あさしょうりゅう》、鶴竜《かくりゅう》をはじめ、外国人力士のほとんどが日本人並みに話す。ブルガリアの琴欧洲《ことおうしゅう》がNHKの放送席で、みごとな解説をしたことも印象深い。

力士に比べると、サッカーの外国人監督や、大リーグからやってきた外国人選手は話せない人が多い。

なぜ、力士は日本語がうまいのか。

そして、私たち日本人は中学生の頃から英語を学んでいるのに、なぜ修得できないのか。

私は平成九（一九九七）年に、モンゴル出身力士の旭鷲山《きょくしゅうざん》と対談している（『This is読売』一九九七年六月号）。来日して五年、前頭に位置し、その多彩な技で「技のデパートモンゴル支店」と呼ばれ、人気力士だった。

もちろん日本語はペラペラ。私が、

「入門して何が一番つらかった？」

と聞くと、言下に答えている。

「言葉ができないこと」

その苦労は並大抵ではなかったそうだ。兄弟子に向かって「オイ」と呼んだら、張り倒された。旭鷲山はいつも兄弟子から「オイ」と呼ばれるので、それが人を呼ぶ上で正しい日本語だと思ったという。

対談からしばらくして、平成十三（二〇〇一）年に早稲田大学大学院助教授（当時）の宮崎里司が『外国人力士はなぜ日本語がうまいのか』（明治書院）という本を出版した。その中に、後の横綱曙と兄弟子のエピソードが出ている。兄弟子は曙に「指導」した。

「電話で相手が『もしもし』って言ったら『亀よ』って答えるんだからな」

曙は部屋にかかってきた「もしもし」の電話すべてに「亀よ」と答えていたという。

旭鷲山や曙の場合のみならず、こういう時に正しく丁寧《ていねい》に教え直すのは、おかみさんだ。おかみさんの優しい指導は大きい。

また、相撲教習所に日本語教育の授業はない。ここは協会の教育機関で、新弟子は六カ月間通うことが義務づけられている。日本人も外国人もだ。

私は「土俵という聖域——大相撲の宗教学的考察」という論文を書くために、北の湖《うみ》理事長（当時）の許可の下、同教習所で約一年半、新弟子と共に授業を受けた。

まず、外国人に一切の忖度《そんたく》がないことに驚いた。もうカケラもない。通訳はつかないし、彼らは着たこともない着物を着て、下駄《げた》を履《は》いて授業を受ける。科目の「相撲史」「書道」

「運動医学」「相撲甚句《じんく》」等々すべて、専門家が日本語で教える。

常に二人ほどの兄弟子が、竹刀を持って教室を見回っている。受講生が居眠りでもしようものなら、着物の首から背に竹刀を突っ込む。飛び起きる。外国人でも容赦《ようしゃ》しない。部屋に帰ればまた日本語のみ。エストニアもブラジルもトンガもカザフスタンも、関係ない。入門したからには、日本語を覚えて使えという社会なのだ。私は教習所で、後の把瑠都《ばると》（エストニア）、玉鷲《たまわし》（モンゴル）と一緒だった。二人ともザンギリ頭で細く、日本語はゼロだった。

星誕期は前述の書で、語っている。

「教習所を終えると、もうなんとなくしゃべってたんですよ」

私は「相撲史」を教えていた桜井徳太郎・元駒澤大学学長が、

「どこの親方も同郷でつるむなと厳しく言ってますね。それに、外国人は目上の人の言うことをきちんと聞く。朝から晩まで日本語漬《づ》けですからね、上達はアッという間ですよ」

と目を細めた姿が忘れられない。

さらにである。驚くなかれ、外国人は「敬語」さえもマスターしてしまうのだ。先だってまで兄弟子に「オイ」と言っていたのに、相撲界の厳しい上下関係を理解し始め、おかみさんに言葉の使い分けも教えられる。

また、相撲界には「タニマチ」と呼ばれる後援者が多くいる。各部屋や各力士を物心共に支えてくれる彼らは、力士にとって大きな拠《よ》りどころである。泣きたい時に泣かせてくれる人たちでもあり、日本語でコミュニケーションを取ることは必須。相手には当然、敬語を使う。

必死さと覚悟が鍛える語学力

また、前出の書では旭天鵬が、演歌のカラオケがいい勉強になったと答えている。テープやCDで一緒に歌い、覚えるのだという。後援者との宴席《えんせき》に出れば、歌のひとつも歌えなければならないわけだ。十七歳で吉幾三を歌っていたという。

この旭天鵬は「日本語の使い手」として突出していると、私もアチコチで聞いていた。驚いたのは、彼は外国映画は日本語の字幕で理解するという話である。私はそれを複数の人から聞かされていたが、半信半疑だった。

ところが同書で、ブラジル出身の国東《くにあずま》がとてつもない日常を語っていた。

「（自分と）同じ部屋にブラジル出身の力士がいるんですが、（会話は）彼らとも八割以上は日本語です」

ハワイ出身の小錦、曙、武蔵丸とも、モンゴル出身の朝青龍とも日本語で話すのだという。この国東も旭天鵬も、母国語を忘れつつあることを口にしている。会話よりは読み書きの方が遅れているにせよ、日本語字幕でストーリーを理解するという話に信憑性《しんぴょうせい》が出てくる。

驚愕《きょうがく》する話はまだある。三年ほど前だったか、私はある有名人主催のパーティーに出席した。一流ホテルの大広間に、何百人もの出席者が並んだ。その時、横綱白鵬《はくほう》のスピーチがあった。

あまりのうまさに、感心するより呆気《あっけ》にとられた。出席者は静まり返って聴いており、おそらく誰もが圧倒されていたのだと思う。黒紋付き袴《はかま》の堂々たる姿で、ステージに立つ。原稿は一切持たない。主催者の業績や来し方を比喩《ひゆ》とユーモアを交えて讃え、今後を祝した。その内容はもとより、とてもとてもとても外国人が使う日本語ではなかった。

また、前出の書には、曙が横綱昇進の土俵入りを行った際の話が出ている。明治神宮で一世一代の奉納《ほうのう》土俵入りだというのに、雨天。それが雪に変わる悪天候になった。後援者たちが憂《うれ》う中、曙はその一人の「ジュンちゃん」に言った。この言葉には舌を巻く。

「すごく縁起がいいね、ジュンちゃん。だって白星がこんなにいっぱい降ってくるんだから」

力士たちの飛躍的な上達ぶりには、共同生活や厳しい上下関係など、相撲界の生活システムが大きく影響している。他の社会に生きる人々に、それらが当てはまらないことは多い。

だが、前述の書で「なぜ大リーガーは日本語がうまくないのか」について、朝青龍は「ハングリー精神」の欠如《けつじょ》だと一刀両断。星誕期も言う。

「彼ら最初から通訳ついてるし、一年ごとの契約で、日本語覚える必要なんてないんですよ」

外国人力士は、何の保証もないまま相撲界に入り、家族のためにも日本で成功しなければならない。日本語にも異文化にも必死で食らいつく。それでも親方に「荷物まとめて国に帰れッ」と怒鳴《どな》られることもある。陰で泣いて乗り越える。だが、同書を読んでいると、彼らはわかっている。親方もおかみさんも自分に愛情を持っていることを。

「日本人はなぜ外国語ができないのか」

という質問に、国東は答えている。

「日本人はもうしょうがない、どこに行っても固まるから。できないの当たり前ですよ」

明荷

まるで日本昔話の世界!?

「フンドシかつぎ」という言葉を聞いたことがあると思う。

これは下位力士、特に序ノ口や序二段力士に対し、見くびるように使われることが多い。

この言葉に「バカにするな」と奮起《ふんき》して、十両や幕内の関取に昇《のぼ》る力士もいるだろう。

なぜ、そう呼ぶのか。それは「明荷《あけに》」に由来するという。

「明荷」とは、力士用の旅行カバンのようなものである。現代ではキャスター付きのスーツケースに当たるだろうが、力士はそんなものを引っ張る不粋《ぶすい》なまねはしない。江戸時代にはすでに使用されていた明荷を、今も使う。

これは縦四五センチ、横八〇センチ、深さ三〇センチの四角い箱。日本昔話のようだが、要は「葛籠《つづら》」である。この中に、関取が本場所や巡業《じゅんぎょう》で使うものを入れて、初日前に支度部屋に運んでおく。浴衣《ゆかた》や布団、化粧《けしょう》まわし、取りまわし等々が入ると一〇キロにもなるそうだ。

この明荷を肩にかついで支度部屋に運ぶのが、下位力士の付け人である。まわし、つまりフンドシの入った明荷をかつぐことから「フンドシかつぎ」と言われるようになったらしい。

かつては「開荷」と呼ばれていたそうだが、縁起をかつぎ、「明荷」になったという。「明」には夜が明けるなどのめでたい意味がある。縁起までかつぐのは、いかにも角界らしい。

この明荷、軽い樹脂《じゅし》やプラスチック製ではない。昔のままに竹で編む。その上に、何重にも何重にも和紙を貼《は》る。その後、竹が腐食《ふしょく》しないように柿渋《かきしぶ》を塗《ぬ》ってコーティングする。さらにその上に、漆《うるし》を塗る。

こうして、黒と緑色が粋《いき》な明荷ができあがるのだが、この後が晴れがましい。朱の漆で、持ち主の四股名《しこな》が大きく書かれるのである。すべてに格差がある角界であり、明荷は関取にならないと持てない。つい昨日までは「かつぐ」側だったのに、黒と緑の葛籠に朱で堂々と自分の四股名。それも独特な相撲字でだ。

ただ、箱の大きさを考えると四股名をバランスよく書けるのは三文字。だが、「千代の富士」「稀勢《きせ》の里」のように五文字や、四文字力士もいれば、「白鵬」「勢《いきおい》」のように二文字、一文字もいる。字画が多い場合はどれかの文字を小さくしたり、少ない場合は中央にたっぷりと書いたり、それはみごとである。

明荷は、初めて関取になった時に、同期の力士がお金を出し合って贈る。昔からの習慣だ。同期の中には、まだかつぐ側にいる力士もいるかもしれない。彼らには月給もなく、親方や兄弟子などからお小遣《こづか》いをもらっている身だ。だが、同期の仲間に京都の名店・渡辺商店でのみ作られている美しい明荷を贈るわけである。勝負の世界は、その口惜しさを糧《かて》にするしかない。また、出世した方にしても、幕下に落ちれば使うことを許されない。わずか一場所だけの栄誉ということもあるのだ。

また、明荷は一人にひとつずつなのだが、横綱だけは三つ持つ。土俵入りの際に使う露《つゆ》払《はら》いと太刀《たち》持ちの化粧まわしなど、圧倒的に荷物が多いからである。三つが並ぶ風景は横綱が「雲の上の人」だとよくわかる。

本来、明荷は力士に限られた持ち物ではなく、江戸時代には一般人も旅行用などに広く使っていた。中でもよく知られているのは、「明荷馬《あけにうま》」だろう。嫁《よめ》入りの際、馬の背の両側に明荷をつけるのである。中には嫁入り道具が入っている。そしてその上に布団を敷《し》き、花嫁が座る。こうして馬の背で揺れながら、明荷と一緒に嫁《とつ》いで行く。

力士が初めて使ったのは、ずっと両国梶之助《りょうごくかじのすけ》だとされていた。明治初期の関脇であり、入幕は元治二（一八六五）年。その頃から使用が広がったと、これが通説になっていた。

通説を覆した歴史的発見

ところが、後に大発見があった。昭和三十七（一九六二）年に、越ノ戸浜之助《こしのとはまのすけ》の明荷が見つかったのである。越ノ戸は山形出身で、前頭五枚目まで昇った力士だ。『大相撲の道具ばなし』（坂本俊夫、現代書館）によると、相撲史研究家の池田雅雄が、山形の生家で見つけたのだという。

昭和中期に入ってから、江戸時代の明荷が生家にあった——池田はどんな思いだったか。従来の説から四〇年以上も遡《さかのぼ》る発見である。使いこまれた明荷を前にした時を想像するだけで、こちらまで高揚してくる。

越ノ戸が入幕したのは文政四（一八二一）年である。少なくとも江戸後期からは、力士に明荷が使われていたことになる。

実際、第六代式守伊之助《しきもりいのすけ》を描いた錦絵が残っている。これは第三代歌川豊国の作品で、万延元（一八六〇）年のもの。紋付き袴姿の行司伊之助が、場所入りする絵だ。後ろに、明荷をかついだ大男を従えている。

行司も明荷を持つのかと驚いた人もあろうが、持つのである。ただし、許されるのは、十両以上の力士を裁く行司だけだ。力士用よりやや小さい葛籠で、作りはまったく同じ。やはり相撲字で行司名が書かれている。行司も関取と同様に、江戸時代から続く明荷を今も頑として使い続けている。

とはいえ、現在、実は「フンドシかつぎ」は消えている。その名は残っているにせよ、もはや下位の力士が関取の明荷をかつぐことは、やっていない。運送業者が各部屋を回り、集荷するのである。そして、それを支度部屋に配送する。要は「宅配便」である。場所や巡業が終わると、業者は再び明荷を集荷し、各部屋に宅配して回る。

平成三十（二〇一八）年名古屋場所で優勝した御嶽海《みたけうみ》が、支度部屋へと引き揚げて行く時、たくさんの明荷が廊下《ろうか》に積まれていた。テレビで気づかれた方もあろうが、運送業者に持って行ってもらうために積んであるのだろう。

明荷の運搬が業者の仕事になったと知った時、私はかなりのショックを受けた。というのも、明荷をかつぐ下位の力士を、昔から当たり前に見てきて、それは「風情」という意味では天下一品だったからである。

　初場所は小雪がちらつく中、若い力士は傘《かさ》もさせず、鬢《びん》に雪を載せ、明荷をかついで行く。五月は隅田の川風を受け、浴衣の裾を翻《ひるがえ》しながら下駄を鳴らして行く。肩の明荷は美しく、威厳《いげん》があった。

　だが、そうでなくても仕事の多い下位力士である。「風情」で語られてはたまらないし、もはや、かつぐ時代ではない。かつてはスキーもゴルフバッグも、個人がかついで現地に向かった。スキー列車なるものは、網棚《あみだな》からデッキまでスキーの板でいっぱいだった。それがワクワク感を高めてもくれたが、今はスキーもゴルフも、荷物はほとんどが業者の配送だ。そんな時代にあって、明荷もそうなるのは道理だろう。

　だが、こうして時代に合わせながらも、明荷自体は今も使われている。その一方、同じく竹でできた道具で、ほとんど消えてしまったものもある。

「汗かき」と呼ばれる竹ベラだ。おそらく、「汗を掻《か》き出す」という意味から来ているのだと思う。「僕は汗かきで困る」の「汗かき」とは違う。

　これは力士の汗や砂を体から掻き落とすために、竹で作ったヘラである。竹を幅一・五センチくらいの細さに割り、U字形に曲げる。そのカーブしたところを背などに当て、下に引く。すると汗や泥《どろ》がスキッと取れるのである。タオルで拭《ふ》くより、ずっと気持ちがいいそうだ。

冷房が完備されていない時代、よく駅などで部活帰りの男子高校生が、ノートや定期入れなどを首や顔に当て、汗を掻き落としていたものだが、角界ではそれを専用の竹ベラとして作っていた。巡業や朝稽古では、若い力士が兄弟子の体に汗かきを当てているのは、ごく普通の風景だった。とても合理的な道具のひとつだが、今はもう見ない。

ところで、いかにもな相撲土産がある。明荷を模した紙箱に、アラレやセンベイが入っており、税込み一〇八〇円と二一六〇円の二種類がある。江戸時代からの明荷の話をして渡すと、もらった人はみんな喜ぶ。

（これは現在、販売されていない）

泥着

乱れた髷と泥着の色香

「泥着《どろぎ》」と聞いて、すぐに意味がわかる人はかなりの相撲通ではないだろうか。「泥着」は、まず間違いなくテレビの本場所で見ることができるのだが、あれに「泥着」という名前がついているとは知らない人が多いのではないか。

横綱白鵬が花道から土俵に向かう時、また取組を終えて花道を下がる時、テレビでその姿に注目してほしい。「泥着」が映っている。

たいていの場合、白鵬は土俵に向かう直前まで、浴衣をガウンのように袖《そで》を通さずに羽織っている。いよいよ出陣という時、付け人がその浴衣を引いて脱がせる。また、取組を終えて花道を下がって行くと、付け人が先ほどの浴衣をサッと肩から掛ける。白鵬はいわば「浴衣のガウン姿」で、花道奥のテレビで自分の取組をチェックしたり、支度部屋へと歩いて行ったりする。

白鵬のこの姿は、ほとんどの人がテレビで見たことがあるだろう。あの浴衣が「泥着」と呼ばれるものだ。

「何だ、要は浴衣でしょ」と言う人が多いかもしれない。確かに浴衣なのだが、「泥着」は場所入り時や外出時に着る浴衣とは違う。

「泥着」は浴衣を使い古したものである。部屋や巡業先で稽古をすると、体に土俵の砂も泥もつくし、びっしょりと汗もかく。終わると稽古まわしをつけたまま、使い古した浴衣を羽織る。さんざん着古した浴衣であり、泥や汗がついてもかまわない。そこから、「泥着」という名がついたとされる。

テレビで見る限り、白鵬以外に花道奥で泥着を羽織る力士はあまり見ない。思うに、白鵬は体を冷やさないために羽織っているのではないか。野球の試合でピッチャーが出塁《しゅつるい》すると、ウィンドブレーカーを羽織らせるシーンをよく見る。あれと同じ意味ではないかと私は考えている。

力士たちは、泥着さえも粋にまとう。稽古が終わると、袖を通して着ることが多いが、その時、帯も紐《ひも》も結ばない。ところが、お腹部分をクルクルとねじり、どこかにはさんでピタッと留めてしまう。この「クルクル・ピタッ」は何回見てもどうやっているのかわからない。たくさんねじると着丈が短くなるし、はだけたりもする。だが、汗と砂にまみれた泥着をそうやって留め、乱れた髷《まげ》で歩いて行く姿の粋なことと言ったら！ 他の社会では見られない色香である。

このように、着古したものまでも使い切るほど、力士にとって浴衣はなくてはならないものだ。以前に女友達に質問されたことがあった。

「初めて国技館に行って、浴衣姿で場所入りする力士を見たのよ。浴衣には四股名が染め抜かれているけど、たいていは自分の四股名じゃない浴衣を着てるのよね。あれ、何で？ やっぱり自分の四股名の浴衣を着るべきじゃない？」

そうなのだ。白鵬などごくたまに、自分の四股名を染め抜いた浴衣を着る力士もいるが、大半は他力士の四股名のものだ。

これには理由がある。本来、浴衣地には力士本人の四股名や師匠名、また部屋名などを染め、「粗布」と書かれた熨斗《のし》をつける。その反物を暑中見舞《みま》いとか御礼とかの挨拶《あいさつ》として関係者に贈る。昇進や引退の時をはじめ、パーティーの引き出物としても使われる。また、幕内力士同士でも浴衣地をやり取りする。

贈られた力士は、それを自分の浴衣として仕立ててもらい、着る。当然ながら、他の力士の四股名が入った浴衣になるわけだ。

着る物にも厳然と格差がある相撲界だが、浴衣だけは番付に関係なく着る。横綱と付け人が同じ浴衣ということさえある。

色や柄は本人の好みや、師匠、後援者のアドバイスもあろうが、基本的に自由だ。ただし、四股名を入れた浴衣地を作ることができるのは、幕内力士と部屋の師匠だけである。

むろん、帯も誰でも結んでいい。だが、「博多献上柄」の帯が許されるのは、幕下以上に決められている。この柄は、筑前《ちくぜん》福岡藩初代藩主の黒田長政（安土桃山時代～江戸時代前期）にちなむものである。長政が江戸幕府に献上するようになったのが、「博多献上柄」。ここにもきっちりと格差はつけられている。

私が横綱審議委員になったのは、平成十二（二〇〇〇）年のことだ。ある日、突然、相撲協会から「時津風理事長（元大関豊山）がお話があると申しており、ご自宅に伺《うかが》ってよろしいですか」と電話があった。

相撲界トップが私に用件などあるはずがない。私は理事長はもとより、力士の知り合いは一人もおらず、一般ファンに過ぎない。まして多少なりとも相撲が好きな人なら、横綱審議委員会に女性が入るなどと考えもするまい。五〇年間というもの、日本の重鎮《じゅうちん》といえるランクの高齢男性で続いてきたのである。

私は理事長の用件にまったく見当がつかないまま、とにかく自宅にお迎えした。猛烈な暑さの八月の午後だった。私は間近で見る元大関に舞い上がり、用件などどうでもよくなっていた。

理事長は初対面の挨拶が済むなり、風呂敷《ふろしき》包みを解いた。

「お近づきのしるしに」

そこには「粗布」と書かれた熨斗のついた浴衣地があった。

理事長が名乗る「時津風」は、宝暦十二（一七六二）年から続く年寄名跡である。あの横綱双葉山も名乗った名門だ。

浴衣地は藍色《あいいろ》の地に、小さな白い二葉が染め抜いてあった。芽を出したばかりの二枚の葉を、「時津風」という字が守るかのように取り囲んでいた。それはそれは上品で、小紋の美しさがあった。私が喜んで、

「すぐに仕立ててもらいます」

と言うと、理事長はうなずいた。

「力士の浴衣は、本来、こういう品位を持つものですよ。最近はもう何でもアリで……」

あれから約二〇年が経ち、昨今の浴衣はもっと自由になり、もっと力士個人のセンスや好みが入り、言うなれば「楽しいもの」になっている。

漫画、ゆるキャラ 現代浴衣は花盛り？

かつては白と藍が中心だった色も、今はオレンジ、ピンク、黄色、グリーンなど、それは華やかである。

柄も自在だ。昇り龍の力強い柄もあれば、虎《とら》を染めたものもある。色とりどりの水玉模様、横文字のデザイン、さらにはアニメや漫画のキャラクターも珍《めずら》しくない。一面に音符が描かれていたり、自分のニックネームを動物に託して染めたりもする。出身地のゆるキャラもあれば、カラオケが得意な力士はマイク柄だったりするからユニークだ。

こんな柄と、華やかカラーをマッチングさせるのだから、まさに現代的風俗といえる。

もちろん、昔ながらの藍染めもあるし、小さなトンボなどの小紋風もある。また、白地にサラリと野の花を描いたり、亀甲《きっこう》や子持吉原など伝統の和柄もある。

スー女に「カワイイ！」と人気の力士などには、弾《はじ》けたカラーや柄がよく似合うし、面白いことに、外国人力士でありながら古武士の匂《にお》いのする栃ノ心《とちのしん》などは、藍染めの小紋柄や和柄がしっくりくる。

他の力士から贈られたものでも、どれが自分に似合うかの判断は、本人のセンスがものを言うところだ。

もうひとつ、浴衣姿に合うのは傘である。雨の日に場所入りする力士の多くは、「から傘」をさす。今ではめっきり減ったから傘も、角界では生きている。これは細く丈夫な竹で骨を組み、ほどけないほどしっかりと糸を千鳥掛けにして留めてある。その骨の上に、油を塗った紙を貼って作ったものだ。古い小唄《こうた》にある。

〽から傘の骨はバラバラ

紙ゃ破れても　離れ離れまいぞえ

千鳥掛け

つまり、どんなことがあろうと「アタシは千鳥掛けで、アンタと離れないよ」という想いを、から傘に託している。

雨の日、髷に浴衣、そしてから傘で場所入りする粋な力士を見ていると、現代風俗をどこまで取り入れていいのか、その難しさも感じる。

稽古あがりの泥着は昔ながらの色や柄が、力士を美しく見せるのではないかと思ったりする。当時の時津風理事長の言葉が甦《よみがえ》る。

巡　業

別名は「稽古場所」

第六〇代横綱双羽黒《ふたはぐろ》の北尾光司さんが亡くなった。五十五歳の若さだった。新聞でそれを知った時、私が真っ先に思い浮かべたのは、豪快《ごうかい》な寄りでもなく、廃業に至る数々のスキャンダルでもなく、彼の一言のコメントだった。

平成七（一九九五）年、日本相撲協会は大胆な「巡業改革」を断行した。それはまさしく、近代化への覚悟を感じさせるような大改革だった。この時すでに北尾さんは廃業して、プロレスラーとして活躍していたのだが、

「自分はこの巡業改革には反対です。うまくいくとは思えません」

ということを、テレビで憮然《ぶぜん》としてコメントしたのである。

今となっては日時はハッキリしないが、改革が始まる直前か直後かだったと思う。北尾

さんの言い方は決して喧嘩腰《けんかごし》ではなく、また飛び出した協会への不快感が顕わになっているものでもなかった。淡々と、静かに、キッパリと反対意見を述べる元横綱が、私には非常に印象的だった。

と同時に、「この人は協会幹部として残っていても、この言い方でこう言うだろう」と思った。その姿勢は、組織の一員として、それも看板としては、生きにくいものであろう。そう感じたことを思い出す。

巡業とは「地方巡業」のことで、本場所が終わると「春巡業」「夏巡業」などと称して、年に四回、全国を巡る。参加するのは幕下、十両、横綱までの幕内力士、行司、呼出、床《とこ》山《やま》などで、『相撲大事典』によると、総勢三四〇人にのぼる。基本的に一～二泊で各地を巡り、地域と実施期日も決まっている。

春巡業――四月。関西、中部、関東
夏巡業――七月～八月。東北、北海道
秋巡業――十月。東海、関西、中国、九州
冬巡業――十二月。九州

本場所は年六回、計九〇日。その間に巡業で地方を転々とするわけである。

スケジュールはハードだが、巡業は別名「稽古場所」と呼ばれ、みっちりと稽古でき、力をつける場でもある。よくテレビの実況中継などで、

「この力士は、長い夏巡業ですっかり変わりましたね」

というようなことを聞くと思うが、そういうことは確かにある。巡業は非常に大切である。

巡業では、その地域の体育館やホールなどで公開稽古をする。観客を入れて、稽古を見せるのである。朝八時くらいから幕下が稽古し、その後、十両と幕内が土俵に上がる。午後には幕内力士が、本場所さながらの取組を展開する。

それだけではない。土俵に上がれない時間は、「山稽古」もする。これは宿舎や体育館付近など、適当な平地でぶつかったり、また地面に円を描いて行うこともある。円は土俵に見立てたものだ。昔、小学生男児などがよく、空き地に円を描いて、相撲を取っていたものだが、あれのプロ版である。体育館の土俵がふさがっていても、この山稽古で鍛錬《たんれん》を積む。

実際、巡業先の土俵は一日中フル回転しており、稽古ばかりには使えない。地元の子供たちが三人がかり、五人がかりで関取に挑む人気のイベントもある。また、相撲のしきた

りや作法、伝統などについて、土俵上から親方が解説する「相撲講座」もある。その他、決まり手やルールを、まるでドタバタ喜劇のように土俵で再現する「初《しょ》っ切《き》り」もある。

さらに、呼出は櫓太鼓《やぐらだいこ》の打ち分けを披露《ひろう》し、力士と共に相撲甚句も歌う。床山は土俵上で実際に髷を結ってみせ、その後は横綱の綱締めの実演。そして、横綱土俵入り、幕内の取組と続き、弓取式で締める。

また、土俵上でやるのではないが、関取衆は握手会をやり、サインや写真撮影にも応じる。昔から「力士に抱かれた子供は強く育つ」と言われるが、今も子供を抱いてくれと言う親は少なくない。むろん、応じる。

巡業は稽古場所である一方、なかなか本場所に足を運べない地方の人たちに楽しんでもらうスケジュールが組まれているのである。

各地一～二泊で、これらをこなすのは力士のみならず、行司、呼出、その他スタッフにとっても、かなりの重労働だろう。下位の力士はチャンコ番もある。だが、どうしてもこなさなければならない理由がある。

相撲協会「寄附《きふ》行為施行細則 附属規定」に、巡業について定められている。

「本場所相撲間の期間を利用して地方を巡回し、相撲競技を公開実施し、地方の要望に応え、国技相撲の普及を図ることを目的とする」

全国津々浦々の人たちに対し、国技であり、公益財団法人である日本相撲協会は、そのような義務を負っているということだ。

実際、多くの資料を読むと、各地の人々は間近に見る力士に興奮し、数々の触れ合いに大喜びするという。小さな町や島などでは宿舎が足りず、一般家庭に泊《と》めてもらうこともある。そうすると、親戚《しんせき》一同から近所の人たちまでが集まり、夜の大宴会《だいえんかい》。疲れ果てている力士は早く寝たくても、歓迎の気持ちを無下にはできないとして頑張る。そんなエピソードがよく紹介されている。

巡業はこのように、力士にとってはもちろんのこと、行司や呼出にとっても、技術を習得できる大切な場である。同時に、協会員として各地の人を喜ばせることの大切さも、十分にわかっている。

朝青龍の巡業さぼりに激怒

であるから、平成十九(二〇〇七)年、横綱朝青龍が体調不良を理由に巡業をさぼり、モンゴルに帰国してサッカーに興じていた時、横綱審議委員の私は激怒した。世間も怒り、体調不良は仮病だろうと言われたものだ。

朝青龍は角界の「看板」である。外国人であろうと、日本の伝統社会に身を置き、自分と家族が食べている。その自覚がない上に、たび重なる傲岸不遜《ごうがんふそん》な態度も行きつくところまで行ったと思った。朝青龍と私のバトルはこの「巡業さぼり」から始まった。

今を遡《さかのぼ》ること二七年の平成七（一九九五）年、こういった巡業のあり方に、協会は大胆なメスを入れたのである。

従来は「売り興行」というシステムで、協会が各地方の「勧進元《かんじんもと》」と呼ばれる主催者に、興行権を売っていた。宿舎からスケジュールまで勧進元任せの契約興行であり、過密日程や不十分な相撲環境が問題となってもいた。そこで協会は運営管理をすべて自分たちでやる「自主興行」に切りかえた。年間一〇〇日程あった巡業日数を、六五日程度に削減《さくげん》。そして開催は、各地の中心都市に限定した。会場は定員五〇〇〇人以上が収容でき、観客席や照明が完備されているところに限った。そして、吊《つ》り屋根や桝席も設営し、本場所のような雰囲気を出した。

また、参加力士は幕内を中心とし、行司、呼出等を加え、二〇〇人程度に縮小。さらに、より一層の稽古ができるようにとサブ土俵を造った。

中でも世間を驚かせたのが、チャンコの廃止だろう。チャンコ番をやっていては稽古の時間が削《けず》られる。そこで、協会は思い切った手に出た。栄養士の管理の下で作られたメニューを、会場やホテルのレストランでバイキング方式で食べることにしたのである。

これらの改革には賛否両論があったが、力士たちの負担は減っただろうと思った人は多いのではないか。

だが、八年後の平成十五（二〇〇三）年、この自主興行は終わった。従来通りの「売り興行」に戻り、バイキングもチャンコに戻った。前出の『相撲大事典』では「改善点に留意しながら」の廃止だと書いている。この点を複数の関係者にも確認したが、あまり明確ではなかった。

北尾さんがいかなる理由で反対し、うまくいかないと断じていたのか覚えていない。だが、新人類の象徴のように言われていた彼が、伝統社会では新しい考え方を取り入れるばかりでは失敗すると、そう予言していたように思う。

初っ切り

何でもあり!?　抱腹絶倒の名演技

令和三（二〇二一）年五月、西三段目八二枚目の力士勝武士《しょうぶし》が、現役のまま亡くなった。まだ二十八歳だった。

死因は新型コロナウイルスに感染したことによる。コロナウイルス性肺炎が多臓器不全を引き起こしたのだという。

この報道は世間を驚愕させ、どれほど嘆かせたことか。そこには、日本のプロスポーツ界において、新型コロナウイルス感染症の死者は初めてという衝撃もあったと思う。また、その時点では、国内に二十代以下の死者がいなかったこともあろう。

だが、衝撃の大きさは、勝武士が初っ切りの名人として、全国的人気を得ていたからでもある。

「え……あの勝武士が？　まさか……ウソだろ……」

と絶句したファンは多かったはずである。

とはいえ、初っ切りは本場所の土俵では行わないため、どういうものかわからない人が多くても不思議はない。

これは、巡業や花相撲でのみ演じられる。花相撲とは引退相撲や追善《ついぜん》相撲、また福祉《ふくし》や慈善《じぜん》などの寄付相撲、さらにはトーナメント方式の相撲大会などをいう。つまり、勝っても負けても番付には影響しない興行である。

初っ切りは資料によって「コント」「ギャグ」「おどけたショー」などと紹介され、「見世物」としているものもあった。つまり、お笑い系の「寸劇」で、観客を笑わせる。

まず、幕下格の呼出が、東西に控《ひか》えた力士を呼び上げる。この二人の力士が主演で、初っ切りの時だけは、関取が結う大銀杏《おおいちょう》の髷が許される。演者は幕下以下と決まっており、十両に上がると初っ切りは卒業する。

二人は土俵上で、滑稽《こっけい》な演技を次々に繰り広げる。観客は爆笑に次ぐ爆笑。二人はさらに楽しませようと、ヒートアップする。

そのハチャメチャな演技は、「相撲は神事だ」とか「心技体の充実」だとか、しかつめらしいことを言っている人には想像もできないだろう。

演技は毎回違う部分もあるのだが、たとえば次のようなものだ。

土俵に上がった二人は、東西で蹲踞《そんきょ》し、塵《ちり》を切る。そして、それぞれの塩を手にする。ここまでは普通だ。が、一人が塩を相手にぶっかける。すると、相手は野太い声で、

「テメェ、やりやがったな」

と、今度は口に含んだ力水《ちからみず》を、やった相手めがけて噴《ふ》き出す。

その後はもうやりたい放題。

相手が両手をついて仕切っていると、それを跳び箱のように跳んだり、蹴《け》り上げたり。プロレス技は出るわ、ボクシング技は出るわで、その弾けっぷりはすごい。

初っ切りでは何をやっても反則にはならない。が、途中でさすがに行司が止める。そして、その口上《こうじょう》が抱腹絶倒もの。

「本来ならば反則負けのところォ、格別の情けをもってェ、取り直し」

二人は燃えに燃えて闘《たたか》いを続け、間違って行司を殴《なぐ》ることもある。行司は怒り、

「何すンだ、バカヤローッ」

とすごんだりする。主演二人ばかりか、行司の役者ぶりもみごと。ついには、一人が土

俵下に降りてしまう。土俵から足どころか、体そのものが出ても、負けにならないのが初っ切りだ。そして、彼は土俵下で何かを手にする。それは空き缶だったり、棒のようなものだったり、毎回違うようだ。

それを持って、彼は再度土俵に上がる。次の瞬間、缶なり棒なりを振り上げ、相手に殴りかかろうとする。プロレスでは「凶器」を隠し持って攻めることがあるが、スタイルはそれと同じだ。

観客が手を叩いて大喜びする中、私が花相撲で見た時は、客席のおばあちゃんが叫《さけ》んだ。

「気をつけなッ！　後ろにいるよッ。来るよ、後ろだよッ!!」

すると、やられそうになった主演の一人が、おばあちゃんに向かって、深々と頭を下げた。

「ありがとうございます」

その隙に後ろから叩かれ、その間抜けぶりに場内は大喜びである。

稽古に裏打ちされた花相撲の〝花〟

もっとも、初っ切りは、単に客のウケを狙《ねら》った出し物ではない。

「滑稽な動きで観客を笑わせるが、初っ切りは本来、相撲の所作や決まり手、禁手などを交えて演じ、それらを観客に知ってもらう目的も持っている」（『相撲大事典』）というものなのだ。

私は何回か見ているが、禁手を示す動作はすぐにわかる。

禁止されている手は、「審判規則 禁手反則」として、八種が定められている。初っ切りの場合は「格別の情けをもってェ」だが、禁じ手は本来は反則負けになる。

一．握《にぎ》り拳《こぶし》で殴ること
二．頭髪をつかむこと
三．目または水月（みぞおち、註：内館）等の急所を突くこと
四．両耳を同時に両掌《りょうてのひら》で張ること
五．前立褌《まえたてみつ》をつかみ、また、横から指を入れて引くこと
六．のどをつかむこと
七．胸、腹をけること
八．一指または二指を折り返すこと

初っ切りは、この禁手八種の連続。そのドタバタに、場内は笑いに沸く。一方、決まり手を表す動きは、何回見てもどうもよくわからない。日頃、土俵上では見られない禁手の動きが、面白すぎるからだろうか。

巡業や花相撲では、初っ切りの他に色々な「お楽しみ」が用意されている。力士が土俵上に円く並び、回りながら「相撲甚句」を歌う。また、「巡業」の項でも触れたが、呼出が土俵上に座って、太鼓の打ち分けを披露する。客を呼び込む寄せ太鼓や、客を帰す跳ね太鼓などだ。さらには横綱の綱締めや、床山が大銀杏に髷を結う実演もある。

どれも大相撲という伝統文化を目の前で伝えてくれる。それらを大相撲が守り抜いてきたということにも、改めて気づかされるのである。

そんな中で、弾けまくった初っ切りは、客の心をも弾けさせる。楽しませ、笑わせてくれる。取組前のいいプログラムの組み方であり、初っ切りは花相撲の花だ。

すでにお気づきと思うが、滑稽な演技はすべて、計算され尽くしたものである。演者が稽古を重ねたものである。そうでなければ、怪我もあり得る。

先のおばあちゃんの叫びは想定外だったと思う。だが、それを受けた一方は「ありがとう」とアドリブで応え、その隙にもう一方が叩いた。この「阿吽《あうん》の呼吸」はこれまでの積み重ねによって生まれたもので、一夜漬けではできないことだ。

私は「初っ切り」と聞くと、映画やテレビ、また舞台の殺陣《たて》を思う。二人で決闘《けっとう》するシーンであれ、幾人もの斬《き》り合いシーンであれ、必ずプロの殺陣師がついて指導する。かつて、NHK大河ドラマ「毛利元就《もうりもとなり》」の脚本を書いた時に、殺陣指導の現場を見たことがある。

それは「こう来るから、こう受けよ」「こう斬られて、こう倒れよ」など多岐《たき》にわたり、実に緻密《ちみつ》なものだった。小さな動きにも時間をかけ、繰り返し、演者の体に教え込む。

初っ切りも同様だ。とても簡単にはできない。

勝武士はその名人と言われた。ネットには、名人芸を惜《お》しむ声があふれた。同期生の前頭琴恵光《ことえこう》は、勝武士について、

「同期会などでは盛り上げ役で皆を楽しませてくれて、（中略）人を喜ばせるのが好きだったと思います」

と語っている（『大相撲ジャーナル』二〇二〇年六月号、アプリスタイル）。

初っ切りで盛り上げ、客を喜ばせる。きっと、それも本人は好きだったと思う。

実は故横綱栃錦《とちにしき》、関脇出羽錦《でわにしき》も幕下時代に初っ切りをやっている。三段目の勝武士にと

って、二人は雲の上の人たちだが、初っ切りでは自分の方が名人だ。チャンコを囲みながら、きっと三人で初っ切り談義をしているだろう。栃錦も出羽錦も、若い頃を思い出して、何ごとにも懸命な勝武士を可愛がっているに違いない。

相撲列車

知られざる〝輸送係〟とは？

いつだったか、ＪＲ名古屋駅の新幹線ホームで「相撲列車」に出合った。これは何車両かを貸し切りにして、力士たちが本場所や巡業の往復に乗車する列車である。

この日、ホームにあふれる力士は二〇〇人くらいはいただろうか。鬢つけ油の匂いが大きな河となって流れる。浴衣姿の彼らは整然と改札口へと降りていく。

このシーンを思い出したのは、最近一冊の本を頂いたからだ。

『大相撲と鉄道』（木村銀治郎、交通新聞社）である。著者の木村銀治郎は、大相撲の行司である。おそらく、多くの方々が顔を見れば「ああ！」とわかる。幕内の取組を裁く幕内格行司で、テレビにも常に映っている。

私はこの本を読むまで、力士たちが巡業や地方の本場所へどうやって移動するのかを気に留めたことがなかった。考えてみれば、切符《きっぷ》の手配や座席割りなどを誰かがやっているのだ。それも三四〇人余の力士、親方、行司や呼出、床山らの大移動である。

たまたま頂いたこの一冊の内容は、びっくりすることだらけ。今さらながら自分の無関心を恥じた。著者が有名な鉄道ファンだということは聞いていたが、その知識と見識は大変なもの。それを駆使《くし》して書いているので、本当に面白い。

何より驚いたのは、切符の手配も座席割りも、すべて行司の仕事だったこと。行司は取組を裁く以外にも、相撲字を書いたり場内アナウンスをしたり、仕事はとても多い。だが、移動の仕事まであったとは。これに触れている資料は少ないのではないか。

この役割を担うのは、二名から五名の行司で「輸送係」という。この名称が実にいい。昨今、「ウィズコロナ」だの「ゴー・トゥー・イート」だのと、不気味な英語を恥ずかし気もなく使う政治家に、教えてやりたい。誰でもわかる日本語「輸送係」。いいねぇ、さすがだねぇ、相撲界。

ちなみに、輸送係の他に「精算係」と関取衆数名が務める「風紀係」もある。「精算係」は運賃などの精算をし、「風紀係」は駅や旅先で挨拶や着物がいい加減な力士を注意する係だという。昨今の政治家なら「モラル・チェック・スタッフ」か？

力士が相撲列車に乗るのは、大きく二つに分類される。

ひとつは「大移動《おおいどう》」。これは年三回の地方本場所、つまり、東京と名古屋・新大阪・博多間往復の東海道・山陽新幹線での移動で、何車両かを貸し切る。私が名古屋駅で出合ったのはこれだ。

輸送係は、大相撲の年間スケジュールが出るとすぐに、JR東海とJR西日本に報告する。その後、各地方本場所開催の九カ月前に、おおよその乗車人数を伝える。三月の大阪場所なら前年の五月末には伝える。そして、乗車券の一般前売りが始まる少し前に、さらに確実な人数を伝える。団体乗車券の購入最終締め切り日は、乗車日の一四日前。この日に、最終の正確な人数を報告し、切符を購入するわけである。

番付社会だなァと思ったのは、この「大移動」で新幹線に乗るのは、幕下以下の力士と若い行司、呼出、床山。むろん、引率責任者の親方や輸送係は乗るが、力士は下位だけ。

親方衆や関取衆、幕内格以上の行司と、幕内以上呼出、特等床山、勤続四〇年以上の一等床山、役職者たちは乗らない。彼らは料金を立て替え、それぞれ自分の予定に合わせて自由に乗る。後日、立て替え金を協会から支払うという待遇を受ける。そして、グリーン車に乗れるのも、このランクの人だけである。

また、よく「力士は二人掛けや三人掛けの席を一人で使う」と言われる。体の大きさを考えると、そう思うだろう。まして、たとえば三人掛けに一六〇キロが三人となれば、中央席の力士は息もつけまい。

だが、同書にはハッキリと「三人掛けは3人で、二人掛けは2人で座るのがルールです」とある。種々の事情や状況により、複数席を許す場合もあるというが、「あくまで基本は1人1席」と書く。そのため、輸送係は少しでも楽に座れるよう、「パズルのピースを埋めるように」考えて、はめていくのだという。

たとえば、巨漢力士の隣りは体重一〇〇キロ未満の力士や行司、呼出、床山にするという具合だ。これだけでも難しいのに、パズルにはまだ心することがある。

それは親方衆の隣席には、力士を座らせないように配慮するのだ。まして、全員が下位力士だ。親方と並んで座れば、緊張してガチガチになるだろう。目的地までくつろげず、背筋を伸ばしていなければならない。一般社会でも同じだと思う。上司と隣り合っての出張はきつい。

これも知らなかったのだが、力士は「暗黙のルール」としてリクライニングシートを倒さない。前の人に座席を倒されると、一般人でもいささか窮屈《きゅうくつ》だ。まして力士では地獄だろう。それを互いにわかっているのである。

　また、この「大移動」の他に相撲列車が使われるのは、巡業である。

　コロナ禍《か》のため、令和二（二〇二〇）年の巡業は中止が続いたが、大相撲は春夏秋冬の地方巡業が大きな役割を担っている。

　それはなかなか本場所観戦に行けない地方で、稽古や取組を見せる。その他にも土俵入りや髷を結う実演、呼出による各種太鼓の打ち聞かせなど、国技である大相撲と力士を身近に感じてもらう大きな意味をもつ。同書によると、九月場所後の秋巡業では、関東、北陸、関西、山陰、四国、中国地方を経て、そのまま十月下旬に九州の博多入り。東京に戻らずに九州場所を迎える。

　その九州場所が終わると、そのまま冬巡業。九州地方を回って、沖縄へ。奄美《あまみ》諸島を回る場合は鹿児島から船で渡る。その巡業を終えると再び沖縄へ。本島巡業の後、宮古島、石垣島などを回ることもある。

　つまり、力士は十月上旬に東京を離れ、帰京するのはクリスマス近く。輸送係は鉄道、船、バス、時には飛行機の旅をいかにミスなく、リラックスしてもらえるかに心を砕《くだ》く。

　巡業の場合は「団体臨時《りんじ》列車」を走らせることも可能だ。輸送係は各地のＪＲと主要駅に挨拶して交渉する。「大移動」と違い、編成を貸し切ってしまうので、三人掛け座席を二人で使うなど融通もきくという。

土俵入り？　東京駅丸の内駅舎

大相撲における上下関係は、巡業にも残っている。おそらく多くの人が知らない例がある。私も初めて知り、そのアナログなやり方を守る姿に、角界らしいなァと感嘆した。

それは巡業での「迎え札」。力士が駅に降り立つと、宿泊先にはタクシーで向かう。これも親方衆、小結以上の力士、三役格以上の行司と呼出、特等床山だけの待遇。運転手は自分の車に乗る人の名を書いた「迎え札」を手に立っている。この札、何と墨《すみ》で相撲字で書かれている。これも行司が書く。札の名前には、赤い斜線が引いてある。同書には写真も出ていたが、斜線の数は親方衆、横綱、大関、立《たて》行司が四本。関脇、小結、三役格行司、三役以上呼出、特等床山が三本である。第二次世界大戦前は馬車で移動していたそうで、斜線の数は乗車人数を示す名残《なごり》だという。

また、地方巡業の相撲列車では下車する際、最初に改札を通るのは巡業部長の親方。たとえ横綱でも先には出られない。巡業部長の後に副部長、横綱、大関、立行司、それ以下が続く。「絶対的な決まりごと」だという。

私は角界であればこそ、迎え札も下車順も、時代に合わせる必要はないと考える。

相撲列車が発着する東京駅は、世界的な建築家辰野金吾《たつのきんご》の代表作である。これも同書によって驚かされたが、「東京駅丸の内側の駅舎は不知火《しらぬい》型の横綱土俵入りをイメージしている」という。確かに両手を横に広げ、体をせり上げる形に見える。

その体の部分、つまり駅舎の正面だが、そのてっぺんにオブジェが見える。てっぺんは遥かに上方なので、写真で見る方がわかりやすい。確かに、オブジェは大銀杏を結った頭部と、不知火型土俵入りだ。

辰野は大変な好角家で、長男の隆《ゆたか》は横綱審議委員会がスタートした昭和二十五（一九五〇）年から委員だった。そう考えると、東京駅と相撲列車により一層の愛着がわく。

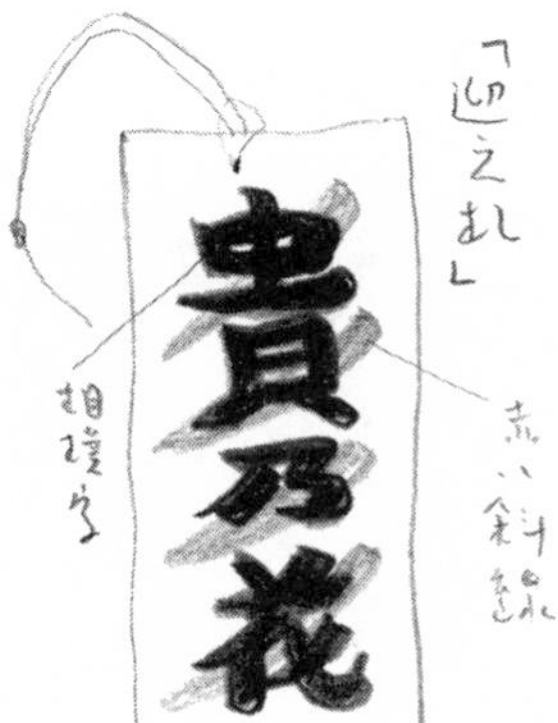

四章

勝負はこうして始まる

取組編成

対戦相手が決まるのは前日

本場所一五日間の取組、これはいったい「誰が?」「どこで?」「いつ?」決めるのかと思ったことはないだろうか。

私は小学生の頃から思っていたのだが、それに答えられる好角家は周囲にいなかった。そんなある日のことだ。私はもう中学生だったと思う。大相撲に関係する番組だったのだろうか、テレビに「取組編成会議」の様子が映し出された。

後になってわかったのだが、その現場にテレビカメラが入ることは、まずあり得ない。なぜ許されたのかは、今もってよくわからないが、間違いなく放送されていた。というのは、何とも異様な光景だったのだ。

現在も毎日の取組は、「取組編成会議」によって決められる。おそらく多くの人々は、協会役員が国技館の会議室でテーブルをはさみ、勝敗などの資料を見ながら討議《とうぎ》すると思うだろう。私もそう思っていた。

ところがだ。放送では一〇人か二〇人か、とにかくたくさんの親方が浴衣《ゆかた》やシャツ姿で、畳《たたみ》の部屋にあぐらをかいて向かい合っていた。真ん中には、長い長い巻き紙のようなものが広げられており、親方衆がそれをにらんでいる。

「これが会議？」と、その異様さに驚いた私は、放送内容はまったく覚えていない。ただ、鮮烈に印象に残っているのは、その場に白い碁石《ごいし》が用意されていたことだ。親方衆だったか、同席の行司だったかが、巻き紙に書かれた四股名《しこな》の上に、ポンポンと白い碁石を置いていく。これが何を意味するのか、番組では語っていたと思うのだが、まったく覚えていない。昔の放送である上に、私は畳であぐら、浴衣であぐらという会議に呆気《あっけ》に取られていたのだ。

この白い碁石はずっと気になっており、後年、調べてわかった。なるほどなァと思ったのだが、それについては後述する。

おそらく、多くの人たちは言うはずだ。

「でも、今はコンピューターでしょ」

それは一般社会の考え方で、相撲界はそんなものは用いない。今も長い長い巻き紙に碁石である。もっとも、親方衆はTシャツやジャージ姿もいるかもしれない。メンバーは審判部長、副部長、審判委員と副理事。行司は書記として出席するが、発言はできない。

取組に関しては「日本相撲協会寄附《きふ》行為施行細則 附属規定」に定められており、前日に決められる。たいていは午前中に決まるらしい。たとえば、四日目の取組は三日目の午前中に、一〇日目なら九日目の午前中にというようにだ。こうして、一日ごとに毎日決めるのである。ただ、初日と二日目だけは、初日の二日前に決めておく。初日は常に日曜日なので、金曜日には二日分の取組ができているわけだ。

巻き紙は「巻《まき》」と呼ばれる。東西の横綱以下序ノ口までの全力士名が、墨《すみ》で和紙に書かれている。十両以上の関取は文字が大きく、幕下以下は小さい。

会議のメンバーは、各力士のこれまでの成績や、また相対的な成績をも照らし合わせ、巻をにらんで取組を決めていく。取組が決定した力士名の上に置くのが、白い碁石だったのである。これなら一目瞭然《りょうぜん》だ。黒い碁石は黒星を思わせるので、もちろん使わない。

巻は別名「鏡《かがみ》」と呼ばれている。これは巻の最初のところに「鏡」と書くからである。『相撲大事典』（金指基、現代書館）によると、「自分の心を映して不正・邪心がない。番付どおりに写してある」という意味を表し、取組編成に誤りがない心を表している。そう考えると、巻に力士名を書くことを「鏡を書く」と言われる理由がわかる。

「割」とは何か？

会議は審判部の部屋で行われる。そして取組決定後に行司控室《ひかえしつ》で、行司たちが再確認する。その時、行司たちには「鏡」に重なる覚悟もあろう。勝負を裁く行司には、一切の不正も邪心もないという覚悟である。

この「行司部屋」だが、翌日の取組関係で使う時に限っては、「行司部屋」とは言わない。「割場《わりば》」と言う。

「割」とは取組のことで、それを決める場だから「割場」である。また、取組表のことも「割」と呼ぶ。たとえば、本場所を会場で見る場合、木戸口に入場券を出すと、引き換えにその日の取組表をくれる。私の女友達は初めて相撲を見に行った日、もぎりの元力士に、

「これ、何ですか」

と聞いたところ、一言、

「割です」

と言われ、もっとわけがわからなかったと怒っていた。

前出の事典によると、これは「割り振る」とか「割り当てる」などの意味から派生している。好角家はごく自然に「割」と言っている。

毎日の取組は、こうやって決められるのだが、予期せぬことが色々と出てくるのは当然である。

たとえば、力士の怪我による突然の休場だ。

平成三十一（二〇一九）年初場所では三日目を最後に、横綱稀勢《きせ》の里が引退した。優勝争いのトップに立っていた横綱白鵬《はくほう》は、一四日目から休場。こうなると、事前に予測していた取組ができなくなる。多くの場合、休場はギリギリまで様子を見て決める。割は前日の午前中に決まっているわけであり、相手力士の「不戦勝」となる。その翌日からの取組編成は全出場力士と星を勘案しながら、熱気を保つよう考えるわけである。

また、平幕下位の力士は、横綱や大関とは当たらない場合が多い。だが、そんな力士が快進撃を続けることがある。優勝もあり得る星を挙げたりもする。そういう場合、本来は横綱や大関とは対戦しない地位にあっても、編成会議は当てることも考える。それは本来

の「割」ではあり得ないことで、当てられた本人は不運を嘆くと思うだろう。しかし、あくまでも私の知る限りだが、

「横綱と結びで取れるなんて、夢のようです」

と頰《ほお》を紅潮させる。そして、この「夢のような割」の一番は、観客をも熱狂させる。取組編成会議は、巻と碁石で、不測の事態にも動じないから天晴《あっぱ》れである。

また、十両下位の力士が、幕下上位の力士との対戦を組まれる場合もある。

ご存じのように、十両と幕下では待遇に天と地ほどの差がつけられている。十両から「関取」と呼ばれ、「大銀杏《おおいちょう》」という髷《まげ》を結い、絹の締込《しめこ》みをつける。幕下は大銀杏を許されず、黒木綿の稽古まわしで土俵に上がる。仕切りの制限時間も十両は三分、幕下以下は二分以内。十両の最下位と幕下の最上位ではわずか一枚しか違わないのだが、地位の違いはとてつもない。

こういう一戦では、幕下が十両に合わせる。普段は許されない大銀杏を結い、制限時間も三分だ。だが、締込みは黒木綿のまま。下がりも糊《のり》で固めていない。対戦相手の十両の下がりがピンと立ち、幕下はダラリと下がる。たった一枚しか違わないのに、NHKのテレビ画面に出る四股名も、十両は堂々たる相撲字。幕下は明朝体だ。なのに大銀杏という

姿が悲しい。早く本物の関取になれといつも思う。

もうひとつ、いかなる状況にあろうと「本割《ほんわり》」（本場所の取組。優勝決定戦を除く）では絶対に組まない対戦がある。「同部屋力士」「兄弟力士」、そして、「四親等以内の力士」。これは本人から見て「従兄弟《いとこ》」などである。身内と戦わせないのは、本気が出しにくいせいもあろう。だが、私は肉親を戦わせるという残酷《ざんこく》性が、大相撲の考え方と合わず、また力士本人の精神に影を落とすからだと考えている。

もっとも、優勝決定戦はこの限りではなく、平成七（一九九五）年には横綱貴乃花と大関若乃花が戦った。兄の若乃花が勝って優勝したが、見ていてときめくものではなかった。あの時、本割で禁じられている意味の大きさを感じたものである。

張出

異例ずくめの大阪場所

令和二（二〇二〇）年三月の大阪場所は、異例ずくめだった。

第一に昭和二十（一九四五）年以来、七五年ぶりの「無観客」で行った本場所である。会場のエディオンアリーナ大阪では、例年七四〇〇人の観客を収容。今場所も入場券は千秋楽まで完売だった。なのに、新型コロナウイルスが世界的に感染を広げ、その防止のために無観客で行わざるを得ない。

もう一件の異例は、番付に「横綱大関」という地位が記載されていたことだ。これは昭和五十七（一九八二）年以来、三八年ぶりであり、多くのメディアが取り上げていた。

三八年前は横綱北の湖《うみ》が「横綱大関」となり、今回は鶴竜《かくりゅう》が「横綱大関」である。だが、私の周囲の「にわかファン」たちは、どうもよくわからないと言う。

「解説を読んだり、ネットで調べたりもしたんだけど、何かピンと来ない。『大関が不在の場合は横綱が大関の地位を兼ねる』って言うけど、大関は貴景勝がいるじゃない」

「でも、一人だけでしょ、大関」

「何それ。横綱は一人でも『一人横綱』って言うじゃない。小結が一人でも『関脇小結』とかないでしょ。なんで大関だけ？」

その通りだ。確かにわかりにくいかもしれないが、これは遠く江戸相撲にまで遡《さかのぼ》る伝統なのである。

江戸時代、番付に横綱は書かれていなかった。

最上位が大関。以下、関脇、小結と続く。そして、この三役は必ず、東西に一人ずついないとならなかった。東西で計六人である。

この「大関最上位」はずっと守られてきた。「横綱」は地位ではなく、免許だったのだ。綱を締めて土俵入りをすることが許される免許。それを与えられたのが横綱である。むろん、最強豪《きょうごう》力士だ。だが、大関以下と「地位」をなすような人間ではなく、別世界の人だった。

横綱を地位として最上位に置く。それを、明文化したのは明治四十二（一九〇九）年のことである。これによって、大関は横綱に次ぐ二番手だと明確になった。

だが、大関が最上位だったという長い伝統が、今に続いている。そのため、番付から最上位が消えるのは困るのである。貴景勝は大関だが、東に一人だ。伝統として東西に一人ずついないとならない。

そこで、現在は最高位の横綱が「伝統の最高位」である大関を兼ねるのだ。この兼務によって、大関はちゃんと東西に一人ずついることになる。今回、兼ねた鶴竜はあくまでも横綱だ。しかし、番付上の伝統を守るために、大関をも名乗っているわけである。

これほどまでに、伝統を守る大相撲の世界を、私はとても面白いと思う。だがその一方で、簡単に伝統を切り捨ててもいる。同じく番付上の問題である。

昔からの相撲ファンは、「張出《はりだし》」という言葉をよく耳にし、また番付表でも見ていたと思う。この「張出」という制度は、文久三（一八六三）年に始まり、平成六（一九九四）年に廃止されるまで、一三一年間続いた。

「張出」とは、

「番付で力士の名が枠外に記載されること」（『相撲大事典』）

である。こう言われても、張出のある番付表を見たことのない人には、どんなものか想像がつかないかもしれない。

前述の通り、江戸相撲の役力士は東西に各一人ずつ、それぞれ計二人と決まっていた。ところが文久三年、成績からして、どうしても関脇を三人作らざるを得なくなった。その結果、新関脇に上がった力士を、番付表の枠外に書くことにした。

ちゃんと「関脇」と書かれているのだが、番付表から外に出っ張った部分、つまり張り出した部分に四股名を載せたのである。

広げた着物を思い浮かべるとわかる。元禄袖《げんろくそで》など短い袖の着物を広げると、袖の部分が横に張り出す。

着物の身頃《みごろ》部分を番付表枠内とし、外に出っ張った袖の部分が「張出」である。そこに四股名が書かれるわけだ。

私自身は「張出関脇」というのは資料でしか知らないが、「張出大関」「張出横綱」というのは、もう当たり前に見聞きしていた。

番付表には決して「張出大関」とか「張出横綱」などと書かれることはない。張り出した場所に書かれようが、同じに大関であり、横綱である。待遇の差も一切ない。

しかし、現実にはここにも厳然として上下がある。

枠内に書かれた東西の三役力士、そのうち「東の正位」がその役のトップである。よく「東の正横綱」とか「東の正大関」と言うが、それが正位で各一人だ。

次に位置するのは「西の正位」で、「西の正横綱」「西の正大関」などと言う。同じ枠内の同じ役でも、東の方が西より上なのである。

今でもテレビの実況中継で、千秋楽にはよくアナウンサーが、

「この力士は九勝をあげていますし、西前頭筆頭ですから、来場所は小結でもいいですよね。でも、三役全員が勝ち越しています」

などと言う。すると解説者が、

「ええ、おそらく東に回ることになるんじゃないですか」

と答えたりする。これは「西前頭筆頭」から「東前頭筆頭」に回ることだ。番付運が悪いとも言われるが、西から東への昇格ではある。

「正位」に対し、枠外に書かれた力士は、「張出横綱」「張出大関」と呼ばれる。番付表にはそう書いてなくても、張出は正位の下に位置している。

つまり、序列は東・西の正横綱、東・西の張出横綱、東・西の正大関、東・西の張出大関ということになる。

張出に不満を示した西ノ海

同じ役なのに、正位と張出の格差について、ハッキリと不満を示した力士がいる。明治二十三（一八九〇）年初場所後に、横綱免許を授与された初代西ノ海嘉治郎《かじろう》である。横綱免許をもらったものの、それにふさわしい成績とは言えず、免許への異論も湧《わ》きあがったそうだ。

なぜ横綱になることができたのか。『相撲大事典』など多くの資料を読み合わせると、「優遇《ゆうぐう》」されていたようにも受け取れる。

西ノ海の師匠《ししょう》初代高砂《たかさご》は、明治六（一八七三）年に「高砂騒動」とされる改革を相撲会所に訴えた。「会所」は現在の「協会」の前身である。会所は応じず、同年十一月場所、高砂らの名を抹消《まっしょう》。怒った高砂は翌年の名古屋で「改正相撲組」を組織し、会所から脱退した。後に和解し、会所は旧態を改めた。改革は成功したことになり、高砂は会所に復帰している。

復帰後の高砂は、年寄として力を及ぼしていき、愛弟子の西ノ海が幕内附出《つけだし》になったことを「優遇されて」と書かれている（同書）。そこから横綱になるまでは時間があるが、物議をかもすレベルの戦績でも横綱になったということは、高砂の威光《いこう》があったと考えられないか。

この時代にはまだ大関が最高位である。西ノ海は横綱免許を受けたが、胸を張れない成績なども考慮されたのだろう。「張出大関」として番付に載ることになった。すると、これに西ノ海が不満を訴えたという。要は「俺は横綱免許をもらったのに、張出じゃイヤだ」ということだ。これは西ノ海本人が言ったのか、高砂が言ったのか、高砂が言わせたのか、興味深い。

『大相撲人物大事典』（「相撲」編集部、ベースボール・マガジン社）によると、高砂は明治二十六（一八九三）年に永世取締になり、専制政策を実行。「高砂横暴反対」の動きまで出ている。西ノ海が横綱になった明治二十三年頃は高砂が日の出の勢いにあったのではないか。

その証拠とも言えるのは、この西ノ海から後、横綱の名称が番付に記載されるようになったことである。とはいえ、「これも名目的なもので、最高位は大関であった」（『相撲大事典』）のだが、横綱の名称を初めて番付に記載する。これほどのことを「張出ではイヤだ」と西ノ海本人が言うだけでは断行できまい。

現在、「横綱大関」は守っているのに、「張出」は廃止した。それはなぜなのか、わからない。

顔触れ言上

究極のアナログスタイル

いつのことだったか、「顔触《かおぶ》れ言上《ごんじょう》」を国技館で初めて見た時は、本当にド肝を抜かれた。これは「明日の取組」を、土俵上で披露《ひろう》する儀式である。江戸時代に始まったようだが、途中でやめたりもしている。そして、昭和四十七（一九七二）年名古屋場所八日目から再開、現在まで続いている。そう考えると、おそらく私が初めて見たのは、同年の九月場所以降だと考えられる。

きっと多くの人は、笑うだろう。

「たかが明日の取組披露に、何でド肝を抜かれるわけ？」

だが、私はここまでアナログなやり方を見たことがなかった。このやり方を守る相撲界に圧倒された。

昭和四十七年と言えばコンピューターも広がりつつあり、キャッシュレスビジネスも登場していたし、コンピューターで情報処理する現場は多かった。社会は確実にアナログから離れつつあったのだ。

そんな中で、「顔触れ言上」がどのようなものだったか。現在もこのやり方であるから驚く。

まず、本場所で横綱土俵入りが終わると、立《たて》行司あるいは三役格行司が土俵に上がる。呼出も上がり、行司の背後に蹲踞《そんきょ》する。行司は白扇《はくせん》と「顔触れ」を持っている。「顔触れ」とは、明日の幕内対戦力士二人の四股名を、西ノ内という和紙に墨で書いたものだ。むろん、独特な相撲字である。

和紙は縦四八センチ、横三三センチでかなり大きなものだ。仮に幕内力士が四二人いたとしたら、「顔触れ」は二一枚になる。

行司は、まずは口上《こうじょう》を述べる。

「はばかりながら、明日の取組をご披露つかまつります」

そして二一枚なら二一枚の和紙、つまり「顔触れ」を、広げた白扇の上に載せる。かなりの重さだろう。そして、明日の取組を一番ずつ読み上げる。

「貴景勝には御嶽海《みたけうみ》」

「白鵬には朝乃山」

という具合だ。私がド肝を抜かれたのは、この後である。

行司は読み上げた「顔触れ」を左手で持ち、館内の観客に見せる。最初は東に紙を向ける。次にその紙を正面に向ける。そして西、向正面と四方に見せるのである。

四方に見せ終えた「顔触れ」は、蹲踞の姿勢で控えている呼出に渡す。呼出は左手で受け取ると、今度は、西、正面と紙を向ける。その後、紙を右手に持ち変え、東、向正面と観客に見せていく。

つまり、行司と呼出とで二回、紙を見せるわけである。今の時代、デジタルを使った種々のやり方で全観客に一気に示せるのに、頑として行司と呼出の手が「道具」である。

二一枚すべてを紹介し終えると、行司は、締めの口上を述べる。

「右、相つとめまするあいだ、明日も賑々《にぎにぎ》しくご来場を待ちたてまつります」

以上が「顔触れ言上」の流れである。私はこれを見るたびに、呼出の大変さを思う。この間、七分ほどだと言われるが、呼出はずっと蹲踞を崩さない。つまり、膝《ひざ》を折って腰《こし》を深く下ろし、つま先立ちで両膝を開いた姿勢だ。力士が土俵上で塵《ちり》を切る時の、あの姿勢である。

加えて、行司が読み終えた紙、つまり「顔触れ」はどんどん増えていく。呼出はそれを右手に持ち、終了するまでずっと掲げて見せていなければならない。蹲踞の姿勢で、これを七分間続けるのは苦行だろう。

だが、デジタルには見向きもせず、令和の時代になっても、紙を手で四方に見せるという究極のアナログ。惚れ惚れする。角界でなければできまい。

「顔触れ言上」は、江戸後期にはすでに行われていたようだが、定かではない。だが、国貞や春和、豊国らが錦絵に描いている。それらを見ると、たとえば「正蔵改 木村《きむら》庄之《しょうの》助《すけ》」とか、「式守《しきもり》鬼一郎」などと行司名が書かれている。その行司が持つ「顔触れ」の力士名と合わせて調べると、時代が大まかにわかったりもして、面白いものである。

私はこの究極のアナログスタイルを、テレビでも多くの人に見てほしい。おそらく、ド肝を抜かれる人もいると思う。ところが、大相撲中継ではあまり映さない。

横綱土俵入り後の空き時間を、テレビでは「力士インタビュー」とか、何か短い企画に充てることが多いように思う。それも大切ではあるが、江戸時代を今に再現している文化を、もっと見せていい。

とはいえ、この「顔触れ言上」は、実は土俵上でも省略されることがある。取組の進行状態によってはできない日も出てくるのである。それは立行司が判断するのだが、「横綱土俵入りが午後四時一五分までに終われば行ない、過ぎた場合は省略される」（『ブリタニカ国際大百科事典』ロゴヴィスタ）とも書かれている。

ただ、進行状態は当日の直前までわからない。テレビで紹介したくても省略されることを考えると、予備番組も必要になる。また、力士インタビューを心待ちにしている人たちもあろう。

だが、一度でも見たなら、「大相撲ってスゲーなァ」と、驚きを通り越して呆れるのではないか。

〝顔触れ〟が生きる第二の人生

ところで、こうして読み終えた「顔触れ」は、どうするのか。毎日二一枚として一四日分（千秋楽はない。翌日の取組がないからだ）とすると、二九四枚にもなる。

手書きの相撲字の和紙を、一回使っただけで捨てるとしたら、あまりにももったいないと誰しも思うだろう。大丈夫。土俵上で観客に披露した翌朝、もうひと働きする。本場所の入口近くには櫓《やぐら》があるが、その下に貼《は》り出すのだ。土俵上の披露の翌日なので、当日の取組ということになる。

その後は、相撲好きな人に差し上げると聞いたことがあるが、これもハッキリしない。だが、おそらく本当だろう。

というのも、私は一枚だけ「顔触れ」を持っているのである。むろん、土俵で披露されたもので、

武蔵丸 寺　尾

と書かれている。やはり相撲好きの人から手渡された時は、思わず叫《さけ》んでいた。

「えーッ!?　これ、これって、顔触れ言上の時のホンモノですかッ!?」

ホンモノだった。すぐに額装《がくそう》し、事務所に飾ってある。事務所に来た人たちの目には必ず入る位置だ。

おそらく、年間一七〇〇枚以上にもなる「顔触れ」は、全国の好角家の元で大切にされているのではないか。こうして「第三の人生」をも全うすることに、何だか安堵《あんど》する。

相撲字は角界だけの独特な文字で、「顔触れ」を書くのは三段目格から十枚目格の行司の仕事だ。彼らは入門直後から相撲字を厳しく習う。よく「行司は習字」と言うが、そのくらい時間を見つけては練習する。

それでも、相撲字は簡単には修得できない。雑誌などの写真で見てもわかるが、たっぷりと墨をつけた太い文字で、白い隙間をできるだけ作らない書体である。これは「隙間なく客が入るように」という思いだと言われる。

うちの事務所にある「武蔵丸」などは、まったく隙間がない。一方、「寺尾」の二文字は、三文字の「武蔵丸」に合わせるため、一文字分の隙間ができる。しかし、それは最小になるよう工夫がしてあり、こういうバランスを修得するのも大変だろう。

たとえば、「北勝富士《ほくと》」という四文字と、現在は十両だが「彩《いろどり》」という一文字を隙間なく、バランスよく書くのは至難だと思う。「北勝富士」は字画も多く、隙間を作りにくいように思うが、「彩」はどう書けばいいのか。鍛錬《たんれん》がいる。

十枚目格行司は、指導にあたるポジションでもあるが、三段目格は修業中の身だろう。

だが、「顔触れ」を書く地位になり、「ついにここまで来たか」という高揚感もあるのではないか。

そう思うと、一枚一枚の「顔触れ」が好角家の元で生きていることに、心から安堵するのである。

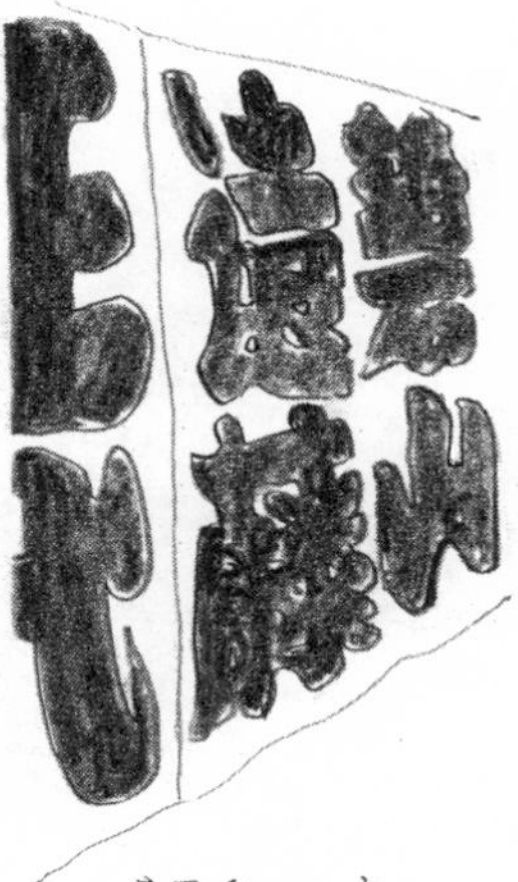

顔触れ言上

立ち合い

両者の〝呼吸〟で立つ

十両力士が初めて幕内に上がると、

「立ち合いの厳しさが、十両とは全然違う。その違いは恐いほどだ」

という感想を述べることが多い。

立ち合いの厳しさの違いは、テレビの実況中継を早い時間から見るとよくわかる。三段目、幕下、十両と番付が上がるごとに、速さも当たりもまるで違う。立つなり、自分十分の体勢にもっていく技もだ。

立ち合いの差に愕然《がくぜん》とさせられたのは、学生相撲の数々の大会だった。私は東北大学相撲部の監督として、部員たちを引率していた。

そして目の前で、日大、日体大、東京農大、中大をはじめとする強豪大学の立ち合いを見た。そうでない大学との違いたるや、お話にならない。大会では、大学をA、B、Cなどとランク分けして戦わせる。強豪大学はAランクである。プロに入る者も多い大学とはいえ、B以下とは別ものだ。

学生であってもプロであっても、上に行くほど「相撲は立ち合いで八割がた勝負が決まる」という言葉を実感させられた。

幕内に上がった力士の、「厳しさがまるで違う」という思いは、恐れを通り越して畏《おそ》れではないだろうか。

相撲は不思議な競技だが、「立ち合い」は最も不思議なことのひとつだろう。スタートの合図がないのである。

ボクシングならゴングが鳴る。競走はピストルが鳴るし、競泳はホイッスルを合図に飛び込む。柔道なら主審の「始めッ」という声でスタートする。

ところが、相撲では戦う力士二人が見合って、呼吸を合わせたところで立つ。それも制限時間内にだ。行司は「見合って」とか「手を下ろして」などの声は掛けるが、それはスタートの合図ではない。

「はっきよいッ」と言われて立つじゃないかと思う人も多いだろう。だが、テレビ中継を見ていてもよくわかるが、両力士が立ってから「はっきよいッ」と言っている。合図のゴングやピストルとはまったく違う。当然ながら、両者の呼吸が合わないと立てず、「待った」をすることになる。

スターターなしで、両者の呼吸で立つ競技は相撲以外にないという。

このようにスターターがいない競技なのだと知ると、解説者や実況アナがよく言う「立ち遅れ」とか「突っ掛け」の意味もわかってくる。「突っ掛け」は「立ち遅れ」の逆で「立ち急ぐ」ことである。

立ち合いのルールは、相撲の長い歴史の中で、幾度も変わってきた。その中には「史実」とは言い難いものもあり、野見宿禰《のみのすくね》と当麻蹶速《たいまのけはや》の戦いもそう言われる。両者の戦いは垂仁天皇七（紀元前二三）年と伝わっており、二〇〇〇年以上経つ。その時の立ち合いが、『日本書紀』に書かれており、とても興味深い。

「二人相對立　各擧ㇾ足相蹶」

つまり、二人は向かい合って立ち、それぞれが足を上げて蹴《け》り合うということだ。現在の大相撲では「蹴り」は厳禁。宿禰と蹶速の立ち合いは、現在の総合格闘技《かくとうぎ》やK－1、キックボクシングに近いようだ。

さらに、次の一文にも驚いた。同じく『日本書紀』にある。
「則蹶㆓折當麻蹶速之脇骨㆒　亦蹈㆓折其腰㆒而殺之」
漢字を目で追うだけで、何となく状況がわかる。つまり、宿禰は蹶速のあばら骨（脇骨）を蹴って折った。その上、腰を踏みつぶして殺してしまったというのだ。二人が戦った地（現在の奈良県）は、「腰折田《こしおれだ》」という地名で伝わっている。

このように、立ち合いもその後の展開も、現在の相撲とはまったく違う。これを史実とはしないにせよ、後に貴族文化や武家文化に洗われ、揉《も》まれ、現在の大相撲に近づいてきたことは確かだろう。

現在の立ち合いルールでは、両力士は必ず仕切り線より後ろに両手をつく。土俵上に白いエナメルで描かれた二本の線があるが、あれが仕切り線。二本の間隔は七〇センチで、線の前に拳《こぶし》が出てはならない。

そして、力士は必ず、両手の拳を土俵につけないとならない。実は平成十（一九九八）年までは、そこは徹底されていなかった。

「両拳を下ろす」とされてはいたが、「両拳を土俵につける」とまでは決められていなかったようだ。つまり、両拳を下ろせばいいのだと解釈もできる。そのため、中腰で立ち合う力士たちが続出した。栃若《とちわか》時代、柏鵬《はくほう》時代、輪湖《りんこ》時代などをビデオで見ると驚くだろう。大横綱たちが、今ではあり得ない中腰立ちだ。

その後、協会は立ち合い研修会を開き、平成十年に勝負規定第五条に次のように書いた。

「立ち合いは腰を割り両拳を下ろすを原則とし、制限時間後、両拳を下ろした場合は『待った』を認めない」

ここにも「土俵に両拳をつく」とは明記されていないが、研修会を経て、「つく」で一致したのではないか。なぜ手をつかなければならないのか。よく言われるのが、手をついて低い体勢から立つ方が、立ち合いの破壊力が増すということ。そしてもうひとつが、待った防止策だとされる。

「待った」は呼吸が合わない時に、力士本人がそうする場合もあるし、また、立ち上がって勝負に入ってから行司や審判長が止める場合もある。この場合、すでに勝負がついていようとやり直しさせる。正式には「立ち合い不成立」と言うそうだ。

確かに「待った」は客の熱に水を差す。待ったをされた力士の気合いが削《そ》がれ、それが勝負に影響することもある。

この悪しき「待った」を防ぐために、相撲協会は驚くべき手に出た。突然こういうことをやるから不思議だ。

平成三（一九九二）年に、何と「制裁金」を科したのである。力士に制裁金などというものは最も似合わない。だが、どちらかの力士が「待った」をすると、両成敗である。幕内一〇万円、十両五万円を両者ともが協会に支払う制度になった。スターターもいない中、制裁金が頭をかすめ、呼吸を合わせるどころではなかった力士もいただろう。

その後、故意に待ったをした力士のみに科すとなったが、同十年に廃止された。

「変化」は相撲を取らずに勝つこと

立ち合いでもうひとつ問題にされるのが、「変化」である。呼吸を合わせて立つと同時に、一方の力士がヒラリと右や左に跳《と》ぶ。突っ込んでいった相手は、目の前にいるはずの相手がおらず、バタッと手をつく。ガツーンとぶつかり合う正攻法を避《さ》け、よく言えば「奇《き》襲《しゅう》」で勝とうとするわけだ。

令和元（二〇一九）年の名古屋場所では、新三役阿炎《あび》が前頭五枚目の琴奨菊《ことしょうぎく》に変化して勝った。阿炎は琴奨菊より体重がなく、その上、七勝七敗で迎えた千秋楽である。勝って終わりたいのはわかる。だが、二十五歳の若さで、せこく勝ち星を取ろうとした態度に、場内もイヤーな空気に包まれた。テレビ中継の解説者が苦言を呈したのにも納得する。好角家の中には「堂々と相撲を取って七勝八敗で負け越した朝乃山の方が楽しみだ」と言う人たちもいた。

この言葉を裏づけるようだが、私は横綱審議委員の時に、当時の北の湖理事長に「なぜ変化はいけないのか」と質問したことがある。すると、

「相撲を取らずに勝ったようなものですから、強くならないんです。怖かろうが立ち合いで思いっきり当たって懸命に相撲を取る。それが蓄積されて強くなる。ですから変化相撲で勝っても親方は喜ばないし、叱《しか》ることさえあります」

ということを語っている。非常に印象的な言葉である。以前に、幕内力士の「立ち合いの威力は一トン」だと読んだことがある。それを恐れていては強くなれないと断じた北の湖理事長。その言葉は重く、説得力がある。

昭和三（一九二八）年に、仕切り線ができる前は、両力士が頭をつけ合って、呼吸を合わせることもあったという。おそらく、角を合わせる闘牛のようだっただろう。相撲は「角力」「角觝」「角抵」とも書く。この字はそんな立ち合いからきたのかなと思ったりもする。

五章　熱戦の本場所

本場所

七五年ぶり二度目の無観客興行

令和二（二〇二〇）年に新大関になった正代《しょうだい》を「可愛い！」と言って、突然大相撲ファンになった女友達がいる。彼女が大真面目に聞いてきた。

「本場所って年に六回やるアレでしょ。わざわざ本場所と言うからには、何か他にあるわけ？　副場所とか次場所とか」

確かに「本場所」と言うからには、「本」でない場所があると考えても不思議はない。

「本場所」とは「力士の技量を審査するために行う相撲競技」（金指基『相撲大事典』現代書館）のことであり、これは興行の形式で一般に公開される。

技量を審査される場であるため、本場所の成績は直ちに番付や給金に影響する。本場所で成績不振だと、情け容赦《ようしゃ》なく番付を落とされる。「給金相撲」という言葉を聞いたことがあると思うが、それは十両以上の力士が本場所で、八勝目をかけて戦う相撲のことだ。勝ち越すと力士褒賞金《ほうしょうきん》が増額される。そのため、「給金直し」ともいう。

「副場所」や「次場所」というものはないが、力士にとって、番付にも給料にも影響しない取組がある。たとえば巡業《じゅんぎょう》で公開される相撲、関取力士の引退相撲、福祉《ふくし》や慈善《じぜん》を目的とする相撲、追善《ついぜん》相撲やトーナメント方式の大会などがそれに当たる。これらは総称して「花相撲」と呼ばれ、勝っても負けても番付や給金には影響しない。力士の技量を審査する本場所とは、はっきりと区別されている。

女友達がファンになった正代は、直近の本場所三場所の成績を評価され、大関に昇進した。花相撲ではいくら白星を挙げてもダメなのである。

本場所は年六場所、奇数月に行われる。一月は東京、三月は大阪、五月が東京、七月が名古屋、九月が東京。一年納めの十一月場所が九州の福岡である。

このところ、どの本場所も満員の観客で埋まり、連日「満員御礼」の垂れ幕が下がっていた。埋めつくした客の歓声、拍手は館内を揺らし、力士は体を紅潮させる。

だが、令和二年、新型コロナウイルス感染防止のため、本場所は一変した。一月の東京は通常通り開催できたが、三月の大阪は無観客。五月の東京は中止に追い込まれた。七月は本来、名古屋で開催する。だが、遠征を避《さ》けるなどの理由により、東京で開催。一日の観客数は通常の四分の一となる上限二五〇〇人に制限した。九月の東京場所も同様の人数制限を設けて開いた。一年納めの十一月場所も九州ではできず、やはり東京。

感染防止のためには致し方ない。だが、新大関として地元九州の本場所で雄姿を披露《ひろう》するはずの正代には気の毒《どく》だった。九州のファンも、ご当地大関の姿をナマで見るのを楽しみにしていただろう。

本場所は力士の将来がかかっており、地元は準備万端《ばんたん》整える。待ちに待つ各地のファンも多いため、よほどのことがない限り、中止や無観客はない。

そんな中で、最初の中止は、安永五（一七七六）年に天候不順らしき理由で中止されたようだ。その後、安政時代に二回、昭和に一回の中止がある。そして、平成二十三（二〇一一）年三月の中止は、多くの人の記憶に残っているだろう。力士間の八百長問題で社会が揺れ、中止されたのである。

また、最初の無観客場所は昭和二十（一九四五）年である。戦争による傷痍《しょうい》軍人を招待し、一般公開をしなかった。令和二年の無観客興行は、実に七五年ぶりの二度目である。私たちは、なかなか立ち合えない中止や無観客の状態を一気に経験したことになる。

本場所の初日は、原則第二日曜日となっている。だが、本場所が一五日制となった昭和二十四（一九四九）年以来、日曜以外に初日が開いたことが、一度だけある。平成元（一九八九）年一月場所は、第二日曜日の八日を外し、翌九日の月曜日にした。

これは好角家であられた昭和天皇が、一月七日に崩御《ほうぎょ》。一月場所初日の前日である。協会は喪《も》に服し、初日を延期した。そして、太鼓《たいこ》を自粛《じしゅく》し、館外には弔旗《ちょうき》が掲げられた。初日が日曜以外になったのは、三三年前のこの一回だけである。

力士の過密日程と休場者の続出

本場所に関し、ある県知事から私に電話がきたことがある。東日本大震災から一年後ほどの時だったと思う。

被災した東北地方で本場所を開催できないか、という相談である。

「一回だけでいいんです。大相撲本場所が被災地で行われれば、人々はどれほど勇気づけられ、力を得るかわかりません」

もっともなことだと思った。力士はよく「客人《まれびと》」と言われる。別の世からこの世に遣《つか》わされた客だというのである。「金剛《こんごう》力士」とも言われ、これは「仏法を守る神」のことで「仁王《におう》」とも呼ぶ。力士は巨大な体と強大な力を持っている。

昨今の力士たちは、見た目も洗練されており、言動も「今時の若者」である。しかしそうであっても、一般男子とはまったく違う匂《にお》いを発している。こんな客人が被災地の人々に本場所を見せ、交流したならこんなにいいことはない。だが、私は本場所開催がいかに難しいものであるかを伝えた。

「本場所は江戸時代からの紆余《うよ》曲折《きょくせつ》を経て、年六場所になりました。本場所を開くには、その地の大変な労力や経済力や、人々の力が必要です。全力士と行司や床山《とこやま》などの全スタッフを迎える宿舎、稽古《けいこ》土俵、勧進元《かんじんもと》などを急に用意することは至難です。地元の新聞社や企業の協力も必須ですし、東京・大阪・名古屋・九州は長い年月をかけて、そこをクリアしてきました。本場所ではなく、巡業ならあり得ると思いますが」

「一回だけでいいから」という気持ちは十分にわかる。だが、突然、一回だけ本場所を開催することは、不可能だと私は思う。

番付史料の残る宝暦年間（一七五一〜六四年）に、年二場所が定着したらしい。約二七〇年前になる。

年四場所が定まったのは、昭和二十八（一九五三）年である。春場所のみが大阪で、あとの三場所は東京だった。その後、昭和三十二（一九五七）年に、十一月の九州が加わり、年五場所となった。

そして、この時から「本場所名を月名で呼ぶ」ことが正式と決められた。「初場所」は「一月場所」、「春場所」は「三月場所」というように呼ぶ。もっとも、今でも四季の風情を感じさせるせいか、多くのファンが「初場所」「夏場所」などと呼ぶ。

年五場所になった翌年に七月の名古屋が加わり、年六場所になったのである。

また、本場所日数も、二七〇年間のうちに変わってきた。

江戸時代は、両国の寺院「回向院《えこう》」で開催された。明和年間の一七六八年が最初だと言われるが、境内でやるため屋根がない。「晴天八日興行」や一〇日興行で、晴れた日のみである。雨が降った後、二日続けて晴れないと再開しなかったという話もあり、千秋楽が延びに延びるのは当たり前だった。その後、明治四十二（一九〇九）年に両国国技館ができて、屋根がついた。雨天でも一〇日間が確実になったのである。

やがて、戦時下で、両国国技館は軍需工場として接収されたり、進駐軍により「メモリアル・ホール」と名を変えたり。しかし、昭和二十四（一九四九）年五月には浜町仮設国技館で、一五日興行を定着させたのである。

私は横綱審議委員の時、

「年六場所、各一五日間は多すぎないか。その間に巡業もあり、力士は怪我も治せない。一五日間のママで四から五場所にできないものか」

と発言したことがある。

だが、本場所開催地となるための地元の長い尽力《じんりょく》や、そこに至るまでの歴史を考えると、本場所を減らすことの難しさがわかる。

「それなら、力士を追いつめないためにも、公傷《こうしょう》制度を復活させられませんか」

と言った。本場所が動かせないものである以上、力士のために別の手当てが必要だ。

令和二年十一月場所は横綱二人と大関朝乃山、さらには新大関正代までが怪我で不在。休場者の増加は必ず人気減少につながる。

決まり手

宇良が決めた〝幻の技〟

「決まり手」とは、「しかけた力士によって勝負が決まったときの技のこと」(『相撲大事典』)である。「上手投《うわて》げ」とか「寄り切り」とか「うっちゃり」とかだ。

よく「相撲四十八手」と言われるので、決まり手は四八手だと思っている人が意外に多い。だが、四十八は単に「数が多い」という表現であり、言うなれば「億万長者」の「億万」と同様の使い方である。

現実には四八手どころか、現在は八二手ある。

決まり手が新聞などに載るようになったのは、明治時代後期だとされるが、名称は統一されておらず、まちまちに書かれたりもする。

そこで協会は、昭和三十（一九五五）年に「六八手」を公式な決まり手として発表。五年後には「七〇手」にしている。

ところが、力士の大型化や筋力の進化、スピードの変化などがあり、七〇手では間に合わなくなってきた。そして、平成十二（二〇〇〇）年に「八二手」と公式に定めた。それが現在も続いている。

決まり手は、相撲を見始めたばかりの人には判断が難しいが、これがわかるようになると、相撲観戦がさらに面白くなることは間違いない。力士が自分の得意な決まり手にもっていこうとする動きまでわかってくるからだ。

とにかく、たくさん見ることに尽きる。ナマで見て、テレビで見て、ユーチューブで見ているうちに、「寄り切り」と「押し出し」の違いさえわからなかった人でも、必ずわかるようになる。

八二手は、六種類に分けられている。

【①基本技―七手】

相撲の基本となる押し、寄り、突っ張りによる決まり手。突き出し、押し出し、浴《あ》びせ倒しなど七手。

【②投げ手―一三手】

相手を投げる決まり手のこと。上手投げ、小手投げ、掬《すく》い投げ、一本背負いなど一三手。

【③掛け手——一八手】

相手の足に自分の足を掛けたり、手で取ったりする決まり手。内掛け、外掛け、切り返し、蹴返《けかえ》しなど一八手。

【④反《そ》り手——六手】

相手の下に潜《もぐ》り込んだりし、自分の体を反らせて投げる決まり手。居反り、撞木《しゅもく》反り、たすき反りなど六手あるが、めったに出ない。腰《こし》や背に負担がかかり、怪我をすることもあるからだと聞く。

だが、現幕内力士の宇良和輝《うらかずき》はこの反り手を得意とし、アマチュア時代から居反りや伝え反りを決めていた。そして、十両時代の平成二十九（二〇一七）年には「幻《まぼろし》の技」とされる「たすき反り」で勝利。これは実に、昭和二十七（一九五二）年以来六五年ぶりである。「幻の技」が出たことは、ＮＨＫニュースでも報じられ、多彩な技を繰り出す宇良人気に火をつけた。

【⑤捻《ひね》り手——一九手】

相手あるいは自分の体を横に捻り、倒す決まり手。とったり、突き落とし、肩透《かたす》かし、上手捻り、内無双《うちむそう》など一九手。
①〜⑤に分類できない決まり手。送り出し、叩《はた》き込み、吊《つ》り出し、うっちゃり、呼び戻しなど一九手。

【⑥特殊技——一九手】

「呼び戻し」は相手の体を裏返しにする場合がある。こうなると通称「仏壇《ぶつだん》返し」という恐ろしい名になる。「土俵の鬼《おに》」と呼ばれた初代若乃花の得意技だ。鬼が仏壇を引っくり返すのだから、大変な迫力で、日本中が沸《わ》いた。

勉強熱心な白鵬《はくほう》が、これを懸命に研究。そして、平成二十五（二〇一三）年、一六年ぶりに決めてみせた。
①〜⑥までで、計八二手になる。
おそらく、読者の中には、

「私、『勇《いさ》み足』だけはわかるんだけど、勇み足はどこに入るの？」

と言う人があろう。

「勇み足」とは、相手が掛けた技とは関係なく、勢い余って自分の足が土俵外に出てしまい、負けになることだ。これは自分が勝手に負けたのであり、相手の技によるものではない。

　そのため、「非技《ひぎ》」とされ、八二手には入らない。「技に非《あら》ず」である。「決まり手以外の決まり手」と呼ばれることもある。

　他の「非技」は「腰砕《こしくだ》け」「つき手」「つきひざ」「踏み出し」の四種。滑《すべ》って手や膝《ひざ》をついたり、腰が砕け落ちたりなどは、相手が何もしていないのだから、確かに「技」ではない。

　前述したが、力士は何とか自分の得意な決まり手が出るよう、その形にもっていこうとする。立ち合いと同時に技を一発くらわすことも多い。くらった相手が一瞬ハッとする。その隙《すき》を突き、得意な決まり手へともっていこうとするわけである。

　たとえば「張り手」。立ち合いと同時に相手の頬《ほお》を張り、瞬時にしてまわしを取って組んでしまう。また「かち上げ」。立ち合いと同時に肘で相手の顎《あご》あたりを突き上げる。これはプロレスの「エルボー」という荒技に近い。相手は上体を起こされ、相撲にならない。脳震盪《のうしんとう》で崩れる場合さえある。

　さらに「猫だまし」という技名を聞いたことがあるだろう。立った瞬間に、相手の目の前で両手をパチンと叩《たた》く。奇襲《きしゅう》である。驚いた相手の懐《ふところ》に飛び込むなりし、有利な型に運ぼうとする。小兵力士が大型力士にやったり、下位力士が必死の思いで上位力士にやったりするのは、まだ理解もしよう。

だが、張り手もかち上げも、今や横綱白鵬の「十八番」。白鵬は「猫だまし」までやっている。「勝てばいい」と言うファンも多かろうが、私は横綱がやるべき技ではないと考える。体力の低下と共に「何としても勝ちにいく」という気持ちも、横綱としての責任感の顕《あらわ》れかもしれない。しかし、堂々たる体躯《たいく》の横綱が、格下を相手に張ったり、プロレス技を繰り出すのは最低最悪。まして、猫だましなどは恥である。

前代未聞！ この決まり手

ところで、歴史に残る決まり手がある。それも長い相撲史の中で、ただの一回しか出ていない決まり手だ。断言してしまうが、今後も出ない。

寛政三（一七九一）年に、江戸城で将軍の上覧《じょうらん》相撲があった時のこと。共に最強大関とされる谷風梶之助《たにかぜかじのすけ》と小野川喜三郎《おのがわきさぶろう》が対戦した。

この時代、多くの力士は大名のお抱えであり、谷風は仙台藩伊達《だて》家の、小野川は筑後《ちくご》の久留米藩有馬家に召し抱えられていた。こうなると、両力士の対戦は両家の「代理戦争」の匂いを放つ。負ければ藩主の顔に泥《どろ》を塗《ぬ》ることになる。元々、二人は因縁のライバルであり、後に四代と五代の横綱になっている。

息づまる緊張の中、両者、立った！　が、小野川が突っ掛けた。「突っ掛け」とは相手がまだ十分に仕切っていないうちに、一方的に立ち上がって戦おうとすることである。当然、相手は「待った」をしていいのだが、先に行司の吉田追風《おいかぜ》が「待った」をかけた。

仕切り直し。二人は鋭く見合い、行司の声を合図に立ち上がった。すると今度は谷風が突っ掛け、小野川が「待った」をかけた。その瞬間、行司は「勝負あり！」と谷風に軍配《ぐんばい》を上げた。

誰もわけがわからない。戦ってもいないのだ。決まり手は何なんだ。すると、追風は言った。

「行司の私は両者十分と見極めれば、声を掛けて立たせる。最初は十分でないうちに小野川が突っ掛けたので、私から『待った』をした。二度目は、両者十分と見極めたので、私が戦い開始の声を掛けた。にもかかわらず、小野川は『待った』をした。これは谷風に機先を制され、小野川はそれを受ける勇気がなかったからだ。後手に回った弱みである」

決まり手は、小野川の「気負け」。これは当時の記録に残っており、谷風の気概《きがい》に負けたということだ。

代理戦争において、もしも必死に相撲を取り、どちらかが負けては、負けた側の藩主と力士はどうするか。ならばいっそ、戦わせずに勝負をつけよう。吉田追風はそのようにはからったのだという説もあり、私は何かで読み、うなったものだ。

現代の力士、特に横綱は手段を選ばずに勝ったとしても、それは「気負け」である。

禁じ手

照ノ富士 まさかの禁じ手

「五月場所では、ホントに珍《めずら》しいものを見せてもらったよ」

令和三（二〇二一）年の五月である。私は少なからずの友人たちに、こう言われた。彼らは、必ずと言っていいほどつけ加える。

「相撲協会も遠慮容赦なく書くものねぇ。あの文字はショックだった」

友人たちが言うのは、その一一日目、大関照ノ富士と平幕妙義龍《みょうぎりゅう》の一戦である。

初日から一〇連勝の照ノ富士はもろ差しを許したものの、最後はあざやかな小手投げ。妙義龍をひっくり返した。行司は瞬時にして照ノ富士に軍配を上げた。

私はテレビで見ていたが、アナウンサーは

「照ノ富士、一一連勝ッ」

と叫《さけ》んだ。照ノ富士自身も勝ち名乗りを受けるために、蹲踞《そんきょ》した。まさにその時だ。土俵下の勝負審判から物言いがついたのである。

実況の放送席も「？」となり、場内もざわめいた。何の物言いなのか、私もまったくわからなかった。どう見ても照ノ富士が勝っており、物言いがつくような一番ではない。会場の観客も、テレビ桟敷《さじき》の観客も、おそらく多くは「何ごとか?!」と驚いたのではないか。

土俵上の審判委員はビデオ室にも問い合わせ、長い討議《とうぎ》に入った。テレビ解説の北の富士は、すぐに、

「髷《まげ》だな」

と言った。

その通りで、照ノ富士が小手投げを打った時、妙義龍の頭を右手で押さえた。その右手が髷をつかんでしまった。

結果、行司差し違えで、照ノ富士が「反則負け」になったのである。

髷をつかむのは「禁じ手」「禁手」と呼ばれる。決まり手八二種の中に入っておらず、ルール違反の反則である。

むろん、「反則負け」はめったに出ない。であればこそ、友人たちは「珍しいものを見

せてもらった」と言ったのだ。

最近では平成二十六（二〇一四）年五月場所に、あろうことか二回も出ている。

一回は横綱鶴竜《かくりゅう》と関脇豪栄道《ごうえいどう》戦。豪栄道の右手が鶴竜の髷をつかんでしまった。この反則が特に話題になったのは、控《ひか》え力士の横綱白鵬が物言いをつけたからである。物言いは勝負審判のみならず、控え力士もつけていい。白鵬は反則を目にするや、直ちに物言いをつけた。これも珍しいことであり、メディアでも多く報じられた。

この場所二回目の反則は、横綱日馬富士《はるまふじ》が大関稀勢《きせ》の里の髷をつかんだ一番である。同じ場所に二度の反則、これはそうあることではない。

また、友人たちが、

「相撲協会も遠慮容赦なく書くものねぇ」

とショックを受けたのは、館内の「電光表示板」である。

テレビでもよく映し出されるが、各取組が終わるとすぐに、その取組の決まり手が電光表示される。照ノ富士の場合、電光はくっきりと、

「反則」

の文字を照らしあげた。

この二文字は、確かにかなりのインパクトを残す。だが、言うなれば「反則」という「決まり手」を表している。「寄り切り」や「上手投げ」と同じように、そう表示されるだけである。いくら「反則」の文字にショックを受けようが、協会の「審判規則 禁手反則」に決められている。

ただ、激しい相撲の流れの中で、決して故意にではなく髷に手がかかる場合もあると思う。私はその方が遥かに多いのではないかと考えている。

とはいえ、それが故意であったか否かの判断などは至難。そのため、とにかく髷をつかんだら反則負けとなる。

あの日、連勝を阻《はば》まれた照ノ富士は、負け残り力士として、控えに座った。だが終始、憮然《ぶぜん》とした表情で、納得がいかない様子だった。あの表情は、決して故意でないことをうかがわせた。

一方、全勝の大関を破った妙義龍も、NHKのインタビュールームで嬉しそうには見えなかった。相撲の流れとしては、自分が負けていたとわかっている。おそらく、転がり込んできた反則勝ちは、「ヤッタ！」と力が出るものではなかったのだろう。どうも「禁じ手」による勝敗は、後味がよくない。

問題の「禁じ手」は幾つあるのか。八つである。前述の「審判規則 禁手反則」は昭和三十五（一九六〇）年五月に施行されているが、同五十八（一九八三）年に改正された。そして、これらの「禁手を用いた場合は反則負けとする」と明記されている（『相撲大事典』）。

以下、改正から現在に至る八つである。

一．握《にぎ》り拳《こぶし》で殴《なぐ》ること

二．頭髪をつかむこと

三．目または水月等の急所を突くこと

四．両耳を同時に両掌《りょうてのひら》で張ること

五．前立褌《まえたてみつ》をつかみ、また、横から指を入れて引くこと

六．のどをつかむこと

七．胸、腹をけること

八．一指または二指を折り返すこと

一のナックルで打つことや、二の髪をつかむこと、三のサミングと呼ばれる目を突くことは、他のスポーツ競技でも禁じるものがある。また、五の金的を攻めることもだ。さらに六は「首を絞《し》めること」として、七は「蹴り技」として、禁じている格闘技《かくとうぎ》は少なくな

い。八は相手の指を手の甲側に折り返すことだ。これを力任せにやられては、再起不能もあり得るだろう。

大相撲の場合、二の「頭髪」は髷である。取組中に乱れて垂れていれば、故意ではなくてついつかむというケースは考えられる。

力士の世界に生きる者として

それを裏づけるかのような話を、私は北の湖《うみ》理事長や親方衆から聞いている。私が横綱審議委員の時、会議前の雑談の席である。

私は大相撲をずい分と長く見てきたとはいえ、禁じ手の取組は二、三番見たかどうかだ。それはいずれも、髷をつかむものだった。

そこで、その時に質問してみた。

「禁じ手については八項目が明記されていますが、それ以外に、どんな禁じ手をご覧になっていますか」

すると、皆さんが顔を見合わせた。そして北の湖理事長が笑った。

「イヤァ、髷に手がかかったという以外の反則項目って、見たことないですよ。他は全部故意でなきゃできないでしょう。力士は力士の世界に生きる者として、絶対に故意にやりません」

「僕も見たことないな。激しく闘《たたか》っていれば、故意ではなく髷に手がかかることは、稽古場でもありますけどね」

「自然に前立褌に指を入れてしまったとか、故意にではなく指を反対側に折り返すとか、あり得ないです」

笑いが起きた。やはり、独特な髷というスタイルにかかわる禁じ手しか、やっていないと言える。

照ノ富士は、相手に髷さえなければ勝っていた。思わぬ結果に、当初は憮然として見えたが、その後で恨みがましい言葉も態度も報じられていない。

力士たちは、髷と共に生きていることをわかっている。その社会に在る者として、その世界に反することを故意にやってはならぬとするのは、私たちも同じだろう。

たとえば大きな災害や事故の時、炊《た》き出しの弁当を受け取ることがある。日本人はそんな時でも整然と並び、決して列を乱そうとしない。その姿に諸外国から「こんな国があるのか」と称賛を受けた。「割り込む」ことが禁じ手の社会。そこに生きていることを、日本国民はわかっている。

最近では匿名《とくめい》のSNSで誹謗《ひぼう》中傷する禁じ手もまかり通っている。それをする本人の名も顔も一切明かさず、相手を自殺に追い込むまで叩く。

「割り込み」も「誹謗中傷」も故意である。他にも社会における「反則」は、少なからず故意なのではないか。理事長の言葉は、

「人は人の世界に生きる者として、絶対に故意にやりません」

という意味に通じると思う。

溜まり席

一生に一度は座りたい〝砂かぶり〟

土俵下の客席を「溜《た》まり席」と呼ぶが、通称は「砂かぶり」。この通称の方が一般的になっているかもしれない。激しく力士が闘う際、土俵の砂をかぶる席ということから来ている。

「溜まり席」という言葉は聞いたことのない人でも、「土俵溜まり」は耳にしていると思う。テレビの実況中継でもよく使われる。

土俵溜まりは、審判委員や控え力士が座っている場所である。ここから桝席《ますせき》までの六～七列、座布団に座って観戦する席が「溜まり席」。つまり「砂かぶり」だ。

東京・大阪・名古屋の本場所では各三〇〇席、福岡では二五〇席用意されている。好角家なら誰でも、一生に一度でいいから、あの席で相撲を見たいと思うだろう。

この特別な席を所有している人を「維持員」と呼ぶ。「日本相撲協会寄附行為《きふ》」に、「（維持員とは）この法人の維持と存立を確実にし、事業を後援するもの」

と書かれている。

維持員には三種類ある。

「普通維持員」は、個人または法人で、規定の維持費を支払う。「特別維持員」は、長期間にわたって協会の事業に協力し、それを協会が認めた人たち。あるいは相当金額を協会に寄付した人たちである。もうひとつは「団体維持員」と言い、相撲部屋や力士などの後援会を組織した団体。あるいは、相当金額を協会に寄付した団体を指す。

何しろ、維持員の中から三賞選考委員も出るので、大相撲を愛し、造詣《ぞうけい》が深いことは必須。さらに幾つかの条件をクリアし、理事会の承認を得る必要がある。

「なら、自分がそこで見ることは一生ないな」と思うだろうが、実は溜まり席は二つに分かれている。ひとつは「維持員席」。ここは維持員が年間を通して買う権利を得ている。だが、それに該当《がいとう》しない溜まり席は一般に販売されるのである。最前列や二列目ということはないにせよ、火の出るような迫力は十二分に伝わる。

とはいえ、現実には買うのは至難。私は、手に入れた人と会ったことがない。

かつては、所有者の維持員が来ないうちは、誰でも勝手にそこに座って観戦できた。所有者が来たら、「すみません」と自分の席に戻る。私は横綱土俵入りまでを、誰かの砂かぶりで観たことがある。

今は一切できない。館内の出入口にも通路にも、警備員が立っている。すぐに入場券を見せよと言われ、自席に追い払われる。通路に立ち止まるだけで、警備員はすっ飛んで来る。妥当な危機管理ではあるが、昔の大らかさを知っていると何とも息苦しい。

また、本場所開催地の維持員たちは、親睦団体を組織している。東京のそれは「溜《たま》り会」と言い、大阪は「東西会」と言う。東西会のメンバーは、揃《そろ》って茶色の陣羽織を身につけ、砂かぶりに座っている。テレビ中継では目立つので、見たことのある人は多いだろう。

これら親睦団体は、十両以下各段の優勝力士に金一封を贈ったり、若手力士を招いて食事会を開いたりする。また、全維持員が揃って観戦する日もある。東西会では、大阪場所の千秋楽に東西会優勝旗、東西会三賞を授与している。維持員はまさしく、現代の「タニマチ」と言えるだろう。

相撲観戦は、ヤキトリを食べてお酒を飲む楽しみも大きい。また、贔屓《ひいき》の力士を大声で応援したり、勝てば立ち上がって拍手をするのも、気分の発散になる。

が、溜まり席ではすべて禁止。一切の飲食も、一人の力士を声援することもやってはならない。他の席では、観客がよくスマホで写真を撮っているが、それも禁止。そして、弓取式終了までは席を立ってはならない。

この席は、力士が土俵から転がり落ち、客を直撃《ちょくげき》することもあるため、飲食やスマホ撮影が禁止されるのはわかる。とはいえ、声援や拍手くらいいいだろうと思う人もあろう。だが、維持員は誰かに肩入れするのではなく、「国技大相撲をよりよく維持するべきだ」と、その考え方が通っているのだと思う。

そして、平成十五(二〇〇三)年、私にとって大事件が起きた。横綱審議委員になって三年が経った頃だ。ある人から突然、

「溜まり席の正面1―4が空く。その権利を買うつもりはあるか?」

と話が来たのである。夢かと思った。一生に一度は座りたい砂かぶり。それが私のものになるというのだ。私は後先考えず、維持員費の額を聞きもせず、

「買いますッ。すぐ買いますッ」

と叫んだ。

正面1―4といったら、正面席最前列のほぼ中央。目の前は土俵のみ。少し左に勝負審

判がいる席だ。東京の三場所をここで観られるのか！　震えが来た。

翌年、理事会で承認され、私は「普通維持員」になった。更新は六年ごとである。協会の公式サイトを見ると、現在の維持費は東京三場所計四五日分、六カ年で四一四万円。私が買った時はもう少し安かったが、今でも一日当たり約一万五〇〇〇円。好きな者は、他をつめても出すのである。

かくして、小さい頃からの憧れであった「砂かぶり」を、一日どころか、年に計四五日間、手にした。

塩も力士も乱れ飛ぶ　ド迫力の最前列

横審委員になってみて感じたのだが、相撲関係者がこぞって私を歓迎しているわけではなかった。横審委員会五〇年の歴史で、女性初であり、歓迎せざる気持ちもわかる。私の就任は、当時の時津風理事長（元大関豊山）の大英断によるものだと思う。

そうであるだけに、私の中心を貫いたものは、

「ちゃんと見る者は、ちゃんと闘う者とは完全に互角《ごかく》である」

という言葉だった。これは作家の村松友視《ともみ》が『私、プロレスの味方です』（新風舎文庫）に書いている。ちゃんと見れば、女性初であろうが、ちゃんと闘う横綱とだって互角なのだ。こう誓った時に、砂かぶりを買わないかと話が来たのである。一も二もなく飛びつくのは当然だ。

私は東京場所の一五日間は、一〇日から一三日間通った。地方場所は二泊三日くらいだが、仕事をやりながら懸命に時間を捻出《ねんしゅつ》した。座ってみてわかったが、砂ばかりか、力士が撒《ま》く塩までかぶるのだから、興奮した。

やがて、私を好ましく思っていなかった相撲関係者も、「毎日来てますね」とか「いつもありがとう」と言ってくれるようになった。こればかりは溜まり席で目立ったお陰である。

が、この席の恐ろしさといったら、想像を絶していた。命がけである。ちゃんと闘う力士たちが、ドカンドカンと落ちてくる。何しろ最前列であり、遮《さえぎ》るものは何ひとつない。うまく身を逸《そ》らして来たのだが、維持員になって三場所目、時の両大関魁皇《かいおう》と千代大海が、二人揃って私の上に落ちて来たのである。あの頃、二人で三四〇キロくらいか。私は吹っ飛ばされ、隣席の溜り会役員はペチャンコになった。何とか起き上がった彼は、「こういうのも一興だね」と笑った。ああ、好角家の鑑《かがみ》だと心打たれたものである。

時の北の湖理事長が、私を心配し、

「すぐに相撲診療所にッ！」

と、若い衆二人をつけてくれた。私は上半身の痛みより、若い衆に守られて行く相撲診療所。そのシーンにワクワクしていたのだから、これも好角家の鑑かもしれない。

結果、肋骨《ろっこつ》が折れていた。

その後、一度更新したところで、私は至宝の溜まり席を手放した。急性の心臓病に襲われ、大手術と四カ月の入院を余儀なくされたのである。奇跡的に助かった時、医師に言われた。

「砂かぶりは二度とダメです。また力士が落ちて来たら、もう助かりませんよ」

今は安全な席で、ヤキトリを食べてビールを飲みながら観戦している。私も焼きが回ったものである。

溜まり席から見とる

三賞

観客を沸かせる個性派力士たち

大相撲では毎場所、関脇以下の活躍した力士を選び、彼らに「三賞」というものが贈られる。「殊勲《しゅくん》賞」「敢闘《かんとう》賞」「技能《ぎのう》賞」である。

いずれも、その場所の成績が優秀で、相撲内容がよく、勝ち越しが条件だ。トロフィーと賞金各二〇〇万円が授与される。

三つの賞に優劣はなく、優勝の次に価値があると言える。三賞に値する力士がいない場合は「該当者なし」とするし、三賞すべてに値するとなれば、一人に独占させもする。また、優勝と三賞を同時に手にする場合もある。まさしく実力考査によるものだとおわかり頂けよう。

この三賞、価値は同じでも意味はまったく違う。

「殊勲賞」は、言うなれば「抜群の手柄」を挙げた力士に与えられる。前述したように三賞は「関脇以下の力士」が対象なので、「抜群の手柄」となると、横綱・大関を倒すことはそれに値する。また、優勝の行方を左右するような、重要な勝ち星を挙げることも「殊勲の星」になる。

一方、「敢闘賞」は「勇ましい戦い」を続けた力士に与えられる。常に真っ向から果敢《かかん》にぶつかり、いい成績を残した力士が対象になる。

そして「技能賞」は「相撲の巧みさ」を見せた力士に与えられる。よく「技能派力士」と言うが、彼らは卓越《たくえつ》した技能を見せて観客を沸かせる。

では、過去にどんな力士が三賞を受けているのか。それを知ると、三賞の持つ個性がさらに明確になる。やはり、受けるべき力士が受けているのである。

三賞は昭和二十二（一九四七）年秋場所から、戦後の相撲復興と発展を目指して制定された。以来、同じ賞を七回以上取った力士を回数順に挙げてみる。その名を見ると、三賞の持つ個性と力士の個性の合致に、今さらながら驚くのではないだろうか。

※（ ）は改名前の四股名《しこな》、○の数字は受賞回数。

〈殊勲賞〉

朝潮（朝汐）⑩　魁皇⑩　安芸乃島《あきのしま》⑦　琴錦《ことにしき》⑦　土佐ノ海⑦

いずれも腰が重く、正攻法の力士ばかりである。たとえ平幕であっても一発やられそうな怖さがあり、横綱・大関としてもあまり取り組みたくない相手だろう。

昭和二十二年秋の第一回受賞者は、出羽錦《でわにしき》。田子ノ浦親方としてNHKの解説でも人気だったが、体が大きくて腰が重い。「土俵の鬼」若乃花と三回も引き分けたことは語り草である。

また、二十三（一九四八）年夏場所では、プロレス転向前の力道山が受賞している。横綱照国と大関東富士を破ったばかりか、横綱前田山には取り直しの末に不戦勝。文句なしに「抜群の手柄」である。

また、岩風とか明武谷《みょうぶだに》とか、自分の型になったら無敵という力士も、多く名を連ねている。あだ名の通り、「潜航艇《せんこうてい》・岩風」は、相手の下に潜れば敵なし。「起重機・明武谷」は長身で、左四つからの吊りは起重機そのもの。上位力士をおびやかした。あだ名は、個性のある取り口につく。最近、そんなあだ名のつく力士は激減している。

〈敢闘賞〉

貴闘力《たかとうりき》⑩　安芸乃島⑧　福の花⑦　魁傑《かいけつ》⑦　旭天鵬《きょくてんほう》⑦

殊勲賞と重なる力士もいるが、名を連ねた面々は体に恵まれ、何よりも地力があり、激しさと動かなさを兼ね備えている。

福の花は猛突っ張りが上位を恐れさせ、ボクシングのパンチをもじって「フックの花」と呼ばれた。また、魁傑は昭和五十一（一九七六）年秋場所から三連続受賞。一〇回受賞が輝かしい貴闘力は、現在、「大鵬《たいほう》の孫」として注目を浴びている納屋《なや》幸之助（大嶽部屋、現・内幕王鵬）の父親である。

〈技能賞〉

鶴ケ嶺《つるがみね》⑩　栃錦《とちにしき》⑨　琴錦⑧　栃東⑦　鶴竜⑦　琴光喜《ことみつき》⑦

六回受賞には信夫山《しのぶやま》、旭國《あさひくに》、安美錦《あみにしき》らが名を連ね、「クセ者」ばかり。鮮やかな技能相撲が甦《よみがえ》ってくるようだ。いずれも、体はそう大きくない。七回受賞鶴竜も、五回受賞の鷲羽山《わしゅうやま》も「小兵」の部類である。

ところが、相撲がうまい。見ていて「オーッ！」と声をあげるような相撲を取る。小さな体を存分に生かし、巨漢を転がしたりもする。これぞ、体重別にしない相撲の醍醐《だいご》味である。

三賞はすべて同じ価値であるが、相撲の技能を賞賛されたということで、「技能賞」を喜ぶ力士は多い。

千代の富士は、昭和五十五（一九八〇）年春から「該当なし」の場所をひとつはさみ、連続五回の受賞である。

鶴ヶ嶺は三人の息子、つまり鶴嶺山《かくれいざん》、逆鉾《さかほこ》、寺尾を育てたが、父親本人のもろ差しと巻き替えのうまさは芸術品だった。また、舞《まい》の海は入門規定に足りない身長をごまかすため、頭にシリコンを注入して合格。が、「八艘《はっそう》飛び」や「三所《みところ》攻め」など、他の力士にはできないような技で観客を喜ばせて、五回受賞。舞の海の活躍によって、新弟子検査の条件が見直されたというのも有名な話である。

これら力士名を見ると、師匠《ししょう》が弟子に対して「自分の型を持て」とか「怖がらずに前に出よ」と、口うるさく言う意味がわかる。

みっともない勝ち方はするな

ある時、ある力士が二ケタの勝利を挙げながら、三賞のどれにも選ばれなかった。すばらしい成績だったが、立ち合いと同時に右や左に変化して勝つ相撲が目立ったのである。

それも、体格や番付が自分より下の力士に対しても、変化相撲で勝った。そのため、賞の対象から外された。

するとある有識者が怒り、雑誌に

「変化は奇襲であり、立派な戦法だ。ボクシングも『ヒット＆アウェー』を禁じていないではないか」

という内容を書いた。これは大きな見当違いであると、私はすぐに別の雑誌で反論した。「ヒット＆アウェー」とは、ボクサーが相手にパンチをヒットさせ、すぐにアウェー、つまりよける戦法だ。が、変化相撲は立ち合いと同時にヒラリとよける。一度もぶつかることなくだ。よけられた方にしてみれば、ぶつかるはずの相手が消えているため、バタッと手をつく。

一度ガツンと当たってからいなすとか、はたくというのが相撲における「ヒット＆アウェー」である。それは変化相撲とは言わない。先の力士が三賞のどれにも選ばれなかったのは、実にまっとうなことである。

私が横綱審議委員だった時、当時の北の湖理事長は明言していた。

「変化して勝つと、星は拾えても、力がつかない。だから師匠はそんなみっともない勝ち方するなと叱《しか》るんです。相撲は勝たないといけないが、どんな勝ち方でもいいわけではありません」

では、この意に沿って三賞を選考するのは誰なのか。

「三賞選考委員会」である。選考委員は協会の審査委員、相撲記者クラブ員、維持員（協会の理事会が承認した後援者）のうちから、理事長が委嘱《いしょく》する。任期は一年で、人数は四五名以内とされている。いずれも相撲に詳しく、見識があり、みっちりと本場所を見ている人たちだ。当然、厳しい目で見るし、遠慮なく「該当者なし」も出てくる。

また、こうして選ばれた三賞力士は、幕内の世代交代を見せつけてもくれる。たとえば、平成三十（二〇一八）年初場所はその典型だった。

優勝、殊勲賞、技能賞は平幕の栃ノ心《とちのしん》が手にした。怪我で幕下に落ち、再びのし上がった力士である。苦しい時代にどれほどの力をつけたか。「三十歳の新鋭出現」という怖さだった。敢闘賞も平幕の阿炎《あび》、竜電が受賞した。阿炎は二十三歳の若さである。竜電はもとから玄人ファンに人気があり、大型で正攻法の力士。怪我で序ノ口まで落ち、そこからの復活は、栃ノ心と同様に心身を磨《みが》いたことを匂わせている。加えて、よく三賞に名を連ねる遠藤、逸ノ城《いちのじょう》、貴景勝、御嶽海《みたけうみ》、阿武咲《おうのしょう》、北勝富士《ほくと》等々、二十代力士の群雄割拠《かっきょ》が始まった。

ところが、みごとに三賞を取っても、師匠に叱られる場合がある。その理由、おわかりになるだろうか。

三賞は関脇以下しか取れない。師匠の叱咤《しった》は「いつまで三賞もらってんだッ。早よ大関に上がらんかッ」ということなのである。

（その後、貴景勝も御嶽海も見事、大関昇進を果たしている）

公傷制度

貴景勝　前代未聞の再休場

貴景勝を見ていて、私は今こそ本気で「公傷制度」を復活するための議論が必要ではないかと思った。

「公傷制度」は昭和四十七（一九七二）年初場所から適用され、三二年間続いた。そして、平成十五（二〇〇三）年十一月場所を最後に廃止された。

廃止からすでに約二〇年が経つ今、この制度をまったく知らない人がいても不思議ではない。これは言うなれば、力士の救済措置である。横綱以外の力士が、本場所で怪我をした場合のみ、翌場所を全休しても元の番付から下がらないというものだ。

たとえば、前頭五枚目の力士が初場所三日目に怪我をして、四日目から休場したとする。休場は負けに勘定されるので、初場所は三勝一二敗になる。負け越しである。翌三月場所では番付が相当下がる。だが、協会は本場所の土俵での怪我は、労働災害と考えたのだろう。そのため、全治二カ月以上の診断が出た場合、「公傷」と認めることにした。ただし、適用は一回の怪我で一場所限りである。

それが認められると、翌三月場所は番付が下がらない。大きく負け越しても、元の番付前頭五枚目でいられる。

力士たちはこの制度によって、心おきなく治療できる。次の場所を全休しても負け越しにならず、元の番付で再スタートを切れるからだ。

貴景勝の場合、令和元（二〇一九）年、五月の夏場所を新大関で迎えた。二十二歳の若き日本人大関の登場に、世間は沸き返った。

綱もあり得るこの逸材は、夏場所三日目まで二勝一敗。そして四日目、宿敵御嶽海を下した。これで三勝を挙げたわけである。ところが、この一戦で右膝を大怪我してしまった。全治三週間とされ、新大関は三勝一敗の成績でありながら、途中休場である。

驚かされたのはこの後だ。貴景勝は三日間休んだだけで、八日目から再出場したのである。全治三週間が三日の休みでいいのか。誰もが心配する中、本人は「もう痛みもない。相撲が取れる」と言い切った。

しかし再出場の初日、碧山《あおいやま》相手に相撲にならず、土俵に這《は》いつくばるありさま。翌九日目から再休場である。これは前代未聞のことだ。

私の想像だが、貴景勝は再出場後の残り八日間で、五勝すれば勝ち越しになると考えたのではないか。緊急の手当てで、とにかく痛みは失せた。五勝はできそうだ。この五月場所を勝ち越せば、七月の名古屋場所は全休しても大関から落ちない。大関は二場所連続で負け越すと、関脇に陥落《かんらく》するのである。

そして、再出場の決断をした。しかし、傷は深く、再びの休場。負け越し。その後、怪我は思うように治らず、翌名古屋場所も全休である。結局、二場所連続負け越しとなり、貴景勝は新大関を四日務めただけで、その座を明け渡した。

結局、「全治三週間」が実際には三カ月近くを経て、九月場所で復帰している。公傷制度があれば、再出場・再休場などという無謀なことはしなかっただろう。

なぜ「公傷制度」は、三二年間も続きながら廃止になったのか。

その理由はひとつではないだろう。だが、よく耳にしたり、資料などで目にするのは、怪我をオーバーに申告するケースがあるというものだ。

実はそれほどの怪我ではないのに、かかりつけの医師に全治二カ月以上の診断書を書いてもらう。そして、協会に公傷を認めさせるわけである。これが事実かどうかは確かめようもなく、噂《うわさ》の域を出ない。ただ、実際の怪我はそれほどでなくても、安心して休める。体のメンテナンスもできるし、休めたおかげで次の場所に発揮する力も蓄積される。

しかし、怪我とは無縁の力士もいる。そうなると、安心して休む力士との間に不公平も生まれる。

今こそ、公傷制度復活の議論をと思うのは、ここにある。かかりつけ医以外に、協会が委任した医師とでダブルチェックしてもらう。そして、適用は「全治二カ月以上」とせず、医師たちの正当な診断により、それ以下でも公傷を適用させてはどうかと思う。

公傷制度に反対の人たちからの、

「制度がなくたって、しっかり努力して怪我を治せば、また必ず上に行ける。現実にそういう力士はいる。公傷制度は力士を甘やかすものに過ぎない」

とする言葉を、私は何度か耳にし、また読んでいる。だが、その考えは簡単には受け入れ難いだろう。努力して復活した力士もいる一方、貴景勝のようにあの時に休んで治療に専念していたなら……という力士もいるからだ。

本場所削減と新公傷制度

公傷制度が廃止された平成十五年、私は横綱審議委員の任期中だった。委員会の席上で、北の湖理事長から廃止の経緯について説明があったと思うのだが、それはよく覚えていない。

が、私には前から考えていることがあった。本場所が多すぎると思うのだ。

現在、奇数月はすべて本場所である。一月は国技館で、三月は大阪で、五月は再び国技館。七月は名古屋、九月は国技館、十一月は九州で、連日一五日戦う。一カ月おきに年六場所、九〇日間になる。本場所のない偶数月には巡業もあれば、一門の連合稽古や出るべき行事もある。

「このスケジュールでは、力士は怪我を治すどころか、体を休めることもできないんじゃないですか。私の理想としましては、年四場所ですが、せめて五場所にできませんか」

私は席上でそう言った。それが無理な注文であることはわかっている。場所数を減らせば、東京・大阪・名古屋・九州のどこかの地が削《けず》られる。各地の人たちは、本場所を開催するために昔から大変な努力をし、維持してきた。力士や協会員の宿舎、稽古場等々、本場所を開くということは大変なのである。「大相撲の本場所を持つ地」というのは、誇りでもあるだろう。

なのに、削られたならメンツにかかわるし、「協会はうちをそんなに軽く見ていたのか」ということにもなる。相撲界は昔から、支えてくれる人たちと一体になってやってきたからこそ、ここまで続いているところは確かにある。だが、「商品」の力士が、怪我が治りきらないうちに出場するのでは本末転倒だろう。

本場所が一五日間に定着したのは、昭和二十四（一九四九）年だ。ただし、東京の初場所（この場所は一三日間）、東京の夏場所、大阪の秋場所と三興行である。

その後、昭和二十八（一九五三）年に、大阪が春場所となり、東京三場所と合わせ、年四場所になった。そして、昭和三十二（一九五七）年には九州を加え、年五場所。翌昭和三十三（一九五八）年には名古屋が入り、現在の六場所体制が整った。

場所数が少ない時は、公傷制度など考えられなかっただろう。怪我や病気の力士は追いつめられることなく、治療に専念できたはずだ。何しろ江戸時代の川柳では、力士のことを「壱年《いちねん》を廿日《はつか》でくらすいゝ男」と詠んでいる。その時代は一場所一〇日間で、年二場所。力士は三六五日のうち二〇日間だけ働くのだから、いいご身分だという川柳だ。実際には巡業や大名家での用などがあり、そこまで優雅ではなかったようだが。

私は公傷制度の賛否だけではなく、場所数についても議論の必要があるのではないかと発言した。

ただ、六場所になった歴史もあるし、公益財団法人といえども、本場所興行が赤字では困る。維持するためには、場所数は減らせないのだろう。私の意見はあえなく撃沈《げきちん》である。ならば、新公傷制度を作り、力士がきちんと怪我を治せるようにすべきだ。そう訴えたのだが、すでに今までの制度の廃止は決まっていた。

だが、私は今でも思っている。ファンあっての大相撲であり、力士生命を縮めることはファンが離れる重大要素だ。私は横審の席上で、

「場所数削減《さくげん》は難しくても、やはり公傷制度が必要だとお思いになったら、その時点で即刻復活させて下さい」

と言い、協会幹部はうなずいた。

だが、貴景勝の前代未聞の「再出場・再休場」をもってしても、まだ「その時点」ではないらしい。

公傷

主な参考文献一覧

伊藤ていじ、『結界の美』、淡交新社、一九六六年
M・エリアーデ、風間敏夫訳、『聖と俗』法政大学出版局、一九六九年
金指基、公益財団法人日本相撲協会監修、『相撲大事典』、現代書館、二〇一七年
木村銀治郎、『大相撲と鉄道』、交通新聞社、二〇二一年
黒坂勝美編輯、『日本書紀』、吉川弘文館、一九六六年
小松和彦、『神隠し』、弘文堂、一九九一年
坂本俊夫、『大相撲の道具ばなし』、現代書館、二〇一六年
笹本正治、『中世の音・近世の音―鐘の音の結ぶ世界―』、名著出版、一九九〇年
「相撲」編集部編、『大相撲人物大事典』、ベースボール・マガジン社、二〇〇一年
「相撲」編集部編、『知れば知るほど 行司・呼出し・床山』、ベースボール・マガジン社、二〇一九年
寒川恒夫、『相撲の宇宙論』、平凡社、一九九三年
竹内誠、「相撲史概観」『悠久』七八、おうふう、一九九九年
竹内誠、『相撲の歴史』、日本相撲協会相撲教習所、一九九三年

主な参考文献一覧

垂水稔、『結界の構造』、名著出版、一九九〇年
土屋喜敬、『相撲』、法政大学出版局、二〇一七年
新田一郎、「相撲節と中世の相撲」『悠久』七八、おうふう、一九九九年
三木愛花、『江戸時代之角力』、近世日本文化研究会、一九二八年
宮崎里司、『外国人力士はなぜ日本語がうまいのか』、明治書院、二〇〇六年
村松友視、『私、プロレスの味方です』、新風舎、二〇〇三年
山田知子、『相撲の民俗史』、東京書籍、一九九六年
『NHK大相撲中継』、二〇一八年五月十九日号、毎日新聞出版
『大相撲ジャーナル』、二〇一八年九月号、二〇一九年一月号、二〇一九年三月号、二〇二〇年六月号、アプリスタイル
『相撲どすこい読本』(別冊宝島)、JICC出版局、一九九二年
『This is 読売』一九九七年六月号、読売新聞社

内館牧子 うちだて・まきこ

秋田県生まれ。武蔵野美術大学卒業。三菱重工業に入社後、13年半のOL生活を経て、1988年に脚本家デビュー。テレビドラマの脚本に「毛利元就」「ひらり」「私の青空」など多数。2000年から10年まで女性初の横綱審議委員会審議委員を務める。大相撲について学ぶために、03年、東北大学大学院文学研究科で宗教学を専攻。06年に修了。05年より同大学相撲部監督に就任し、現在は総監督。著書に『終わった人』『すぐ死ぬんだから』『今度生まれたら』『小さな神たちの祭り』（小社刊）など多数。

※本書は月刊『潮』2017年5月号から2022年1月号まで連載された「大相撲の不思議」の一部を再構成の上、加筆・修正し、新書化したものです。本文記載事項は、雑誌連載当時のままとし、本書中は敬称を略しております。

潮新書 044

大相撲の不思議2

2022年3月20日　初版発行

著　者｜　内館牧子
発行者｜　南　晋三
発行所｜　株式会社潮出版社
〒102-8110
東京都千代田区一番町6　一番町SQUARE
電話　■ 03-3230-0781（編集）
■ 03-3230-0741（営業）
振替口座 ■ 00150-5-61090

印刷・製本｜　中央精版印刷株式会社
フォーマットデザイン｜ Malpu Design

©Makiko Uchidate 2022, Printed in Japan
ISBN978-4-267-02326-2　C0295

乱丁・落丁本は小社負担にてお取り替えいたします。

本書の全部または一部のコピー、電子データ化等の無断複製は著作権法上の例外を除き、禁じられています。

代行業者等の第三者に依頼して本書の電子的複製を行うことは、個人・家庭内等の使用目的であっても著作権法違反です。

定価はカバーに表示してあります。

潮出版社　好評既刊

大相撲の不思議
内館牧子
〝横審の魔女〟が「貴の乱」「白鵬バンザイ事件」にもの申す！　知れば知るほど深遠な大相撲の世界。宗教的考察からポロリ事件まで、小気味いい〝牧子節〟が炸裂!!

毒唇主義
内館牧子
たっぷりの愛情に、ひとつまみの毒——。辛口美麗に愛情濃厚、人気脚本家が〈歯に衣着せぬ〉本音で綴った52編の痛快エッセイ、待望の文庫化！

小さな神たちの祭り
内館牧子
東日本大震災の津波によって家族五人を失った青年が、再び前を向いて歩む姿に優しく寄り添った感動のテレビドラマ、脚本家自らが完全書き下ろしで小説化。

きれいの手口
——秋田美人と京美人の「美薬」
内館牧子
読むだけで確実に「美の質」が上がる、極上のメソッド。「秋田美人の雪肌」や「京美人の立ち居ふるまい」を持っていなくても、誰もが十分に「きれい」になれる！

ある夜のダリア
——迷いの日々には、いつも花があった
内館牧子
画・島本美知子
嬉しいときも、かなしいときも、楽しいときも、淋しいときも、「花」は静かに寄りそってくれる——。心に優しくしみわたる、季節の花々に彩られた36の絵物語。